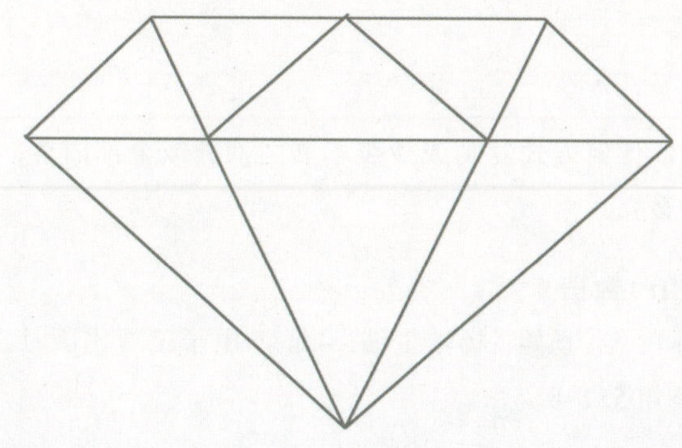

New Media Marketing

新媒体营销

主　编　孙在福　杨　婷　杨　洁

副主编　郭瑞姝　李　丹　王雪宜　韩　雪

潘华南　周　涛　高　菲

電子工業出版社

Publishing House of Electronics Industry

北京 · BEIJING

图书在版编目（CIP）数据

新媒体营销 / 孙在福，杨婷，杨洁主编.—北京：电子工业出版社，2021.2
ISBN 978-7-121-40551-8

Ⅰ. ①新… Ⅱ. ①孙… ②杨… ③杨… Ⅲ. ①网络营销－高等学校－教材 Ⅳ. ①F713.365.2

中国版本图书馆 CIP 数据核字（2021）第 025215 号

主　　编：孙在福　杨　婷　杨　洁
副 主 编：郭瑞姝　李　丹　王雪宜　韩　雪　潘华南　周　涛　高　菲
编　　委：魏晨旭　石淑翠　齐晓明　公维艳　胡　宁　臧昭涵　李　萍
许玲慧　曹晓波　卢朝阳　王风玲

责任编辑：马　杰
文字编辑：吴宏丽
印　　刷：北京天宇星印刷厂
装　　订：北京天宇星印刷厂
出版发行：电子工业出版社
北京市海淀区万寿路 173 信箱　　邮编：100036
开　　本：787×1092　1/16　　印张：10　　字数：240 千字
版　　次：2021 年 2 月第 1 版
印　　次：2021 年 2 月第 1 次印刷
定　　价：49.80 元

凡所购买电子工业出版社图书有缺损问题，请向购买书店调换。若书店售缺，请与本社发行部联系，联系及邮购电话：（010）88254888，88258888。

质量投诉请发邮件至 zlts@phei.com.cn，盗版侵权举报请发邮件至 dbqq@phei.com.cn。

本书咨询联系方式：（0532）67772605，邮箱：majie@phei.com.cn。

1 新媒体电商概述 

1.1 初识新媒体与新媒体电商 / 1

1.2 新媒体电商的发展 / 6

1.3 新媒体电商适应渠道 / 10

1.4 新媒体营销变现 / 16

1.5 新媒体营销工作岗位 / 21

2 电商营销新思路——直播 

2.1 直播与直播营销概述 / 26

2.2 直播营销思路 / 30

2.3 直播前期的策划与筹备 / 36

2.4 直播的实施与执行 / 42

2.5 直播后期的宣传 / 46

2.6 直播营销的总结 / 51

2.7 直播营销经典案例 1 / 55

2.8 直播营销经典案例 2 / 58

3 短视频策划、制作与运营

3.1 短视频的概念与分类 / 60
3.2 短视频平台 / 65
3.3 短视频策划 / 70
3.4 短视频制作 / 76
3.5 短视频内容运营 / 82
3.6 短视频数据分析 / 85
3.7 第三方短视频数据分析平台 / 89
3.8 短视频变现 / 93
3.9 三农类短视频运营案例分析 / 98

4 新媒体平台文案写作与传播

4.1 微信平台文案特征分析与写作技巧 / 101
4.2 小红书笔记特征分析与写作技巧 / 116
4.3 抖音文案特征分析与写作技巧 / 124
4.4 社会化媒体文案特征分析与写作技巧 / 128
4.5 新媒体平台上的文章排版 / 142
4.6 新媒体平台上的内容策划与传播推广 / 148
4.7 新媒体平台营销经典案例 / 153

1 新媒体电商概述

1.1 初识新媒体与新媒体电商

你是否每天都会习惯性地打开微信查看朋友圈？是否每天都会打开微博查看今日热点？是否每天都会打开各种手机 App 进行查询和消费？如果答案是肯定的，说明你已经被新媒体的各种途径“营销”了。那么新媒体究竟是什么？它与传统媒体有哪些区别呢？

1.1.1 新媒体和新媒体电商的定义

从传统的静态网站信息进化到具有社交传播属性和大数据智能推荐，新媒体的发展日新月异，新媒体的内涵和形式在快速进化中。很多被我们视为传统媒体的载体，在移动互联网科技下，也变成了被人们热点关注的新媒体；而一些曾经被看成是新媒体的载体，却似乎不再是主流。那么如何把握新媒体的特征和发展趋势，让自己在新媒体飞速发展的潮流中，掌握新媒体营销的技能呢？

1. 新媒体的定义

“新媒体”(New Media)的概念是 1967 年由美国哥伦比亚广播电视网(Columbia Broadcasting System，CBS)技术研究所所长戈尔德马克(P.Goldmark)率先提出的。

新媒体是一种以互联网为载体的、新型的信息传播工具，它有别于传统的媒体，是互联网高速发展的时代产物。

广义的媒体泛指人们用来传递信息与获取信息的工具、渠道、载体、中介物或技术手段。大众传播学鼻祖马歇尔·麦克卢汉指出:“从社会意义上看,媒介即信息。”媒介也是人类感官的延伸，如文字是媒介，文字和印刷媒体的结合便是人类视觉能力的延伸。

狭义的媒体指传统的四大媒体，即报纸、杂志、广播、电视，它们是早期的媒体形式，统称为传统媒体。

新媒体是相对于传统媒体而言的。凡是利用数字技术、网络技术，通过网络及计算机、手机、数字电视机等数字或智能终端，向用户提供信息和服务的传播形态，都可以视为新媒体。

2. 新媒体电商的定义

在当前这个高速发展的时代里，千千万万的人都离不开新媒体。在新媒体的环境下，消费者的消费形式正在逐渐发生变化，近年来，我国电子商务迅速发展，带动了现代服务业快速发展和传统企业转型升级，助力企业开拓海外市场，助力中小企业进入大市场，促进了实体经济与网络经济的融合发展。

新媒体电商就是企业通过新媒体渠道开展的营销活动。具体来讲，新媒体电商指的是在信息化、网络化、电子化环境下展开的营销(称为新媒体营销)活动。新媒体营销属于营销的一种，是企业开展网络营销活动的方式，也是一种基于现代营销理论、利用新技术的企业经营手段，新媒体营销能最大限度地满足企业及用户的需要，为企业带来更多的效益。

1.1.2 新媒体的特征

新媒体具有以下 4 个特征，它们也是新媒体电商具有的特征。

1. 海量性

新媒体不仅扩大了用户的参与范围，而且带来了海量的传播信息。每个人都可以使用各式各样的社交平台分享信息，信息在表现形式上也更为丰富多样。新媒体能集文字、图形、音频、视频等多种表现形式于一体，给用户带来更加震撼的视听感受。

新媒体的海量性主要表现在以下 4 个方面。

① 参与范围大。

② 传播信息海量。

③ 社交平台种类多。

④ 信息表现形式多样。

2. 交互性

使用新媒体，用户不仅可以从社交平台获取各种信息，还可以在社交平台上发表自己的观点，分享自己的感悟。

3. 精准性

新媒体能为不同的用户提供多样化和个性化的服务，用户可以自主选择。网络市场上的公司、服务商可以进一步对用户细分，向有不同需求的用户分别提供个性化的产品和服务，从而提高信息传播的专业性、精准性和有效性。

4. 及时性

新媒体可以使用户随时随地获取信息，新兴的移动社交应用，如微博、微信及各短视频平台等可以将用户分享给他人的内容在第一时间发布出去，让信息直达受众。

1.1.3 常见的新媒体类型

新媒体电商以新媒体为载体进行商业宣传和营销活动，在了解新媒体电商之前，需要对其载体即新媒体的类型有基本的了解。

① 新媒体按载体区分，可分为互联网上的网站(如新浪网)、手机媒体(如空中传媒)、数字电视(如 SiTV)、移动电视(如北广传媒)、电子报纸杂志(如 Xplus)、户外液晶(如分众传媒)、机航媒体(如美航传媒)等。

② 新媒体按功能区分，可分为 PC 互联网和移动互联网，作为新媒体典型的网络，随着数字化进程的发展，又可分为社会化媒体、移动互联网、网络视频等。

新媒体的发展与媒介技术的不断推陈出新紧密相关。相对于报纸、杂志、广播、电视四大传统媒体，新媒体被形象地称为“第五媒体”。目前常见的新媒体类型如表 1-1 所示。

表 1-1 常见的新媒体类型

类　型	举　例
社交类	论坛、知乎、微博、QQ、微信
视频娱乐类	视频网站、网络直播、短视频
新闻信息类	今日头条、网易新闻、腾讯新闻
App 和小程序	团购、美食、旅行、天气、导航、电影娱乐

1. 社交类

（1）论坛和知乎

论坛(Bulletin Board System，BBS)又名网络社区，是互联网上的一种电子信息服务系统。论坛的主要功能是用户可以在其上自由发布主题和回复帖子，内容多变，具有极强的交互性。

知乎是人人都可以注册，在一个话题下人人都可以发表评论和互相点评的问答社区，知乎的用户使用体验比论坛好。知乎非常适合移动终端(如手机)用户阅读，操作起来简便、快捷。

传统论坛的话题树模式比较适合于在计算机大屏幕上呈现。在手机普及的今天，知乎更容易赢得用户的喜爱。

（2）微博

微博是一个基于用户社交关系的信息分享、传播及获取平台，用户可以通过微博平台发布 140 字以内的文字信息，并实现即时分享。随着推特、饭否等微博的兴起，以新浪微博为代表的国内微博迅速发展，吸引了大量博主加入，还扩展了大量普通人群进入微博关注和互相支持，互为偶像和粉丝(粉丝一般是指崇拜某明星或事物的群体，在微博、百度贴吧等多种网络空间里也出现粉丝一词，这里的粉丝指的是博主、空间主的关注者和支持者)。

（3）QQ

在新媒体时代，QQ 曾是国内最具效率的即时通信工具，是网民装机的必备软件。

（4）微信

微信是腾讯公司于 2011 年 1 月 21 日推出的一个为移动终端(以下简称为移动端)提供即时通信服务的免费应用程序。相对于 QQ，微信是适应移动互联网时代的即时通信工具。

2. 视频娱乐类

（1）视频网站

视频网站是指可以让互联网用户在线流畅发布、浏览和分享视频作品的网络媒体，如优酷视频、腾讯视频等。视频网站早期的主要运营模式是发动网友上传和分享视频，这样可以在短时间内聚集大量的人气和流量。

（2）网络直播

如今，网络直播成为网上相当热门的新媒体传播形式。网络直播就是人们在同一时间通过网络在线观看的真人互动节目。网络直播最初是在优酷等视频网站上上传个人小视频，后来发展到类似六间房等网页端的“秀场”时代，如今的网络直播平台已经进入了“随走、随看、随播”的移动视频直播时代。

网络直播最大的特点是可以让用户与现场实时连接，具备最真实、最直接的体验。

(3) 短视频

短视频是指在新媒体平台上播放的、适合在移动端上和短时休闲状态下观看的视频，短视频的播放时间在几秒到几分钟不等，在抖音、快手等新媒体平台上播放的视频都属于短视频。

3. 新闻信息类

(1) 今日头条

今日头条基于个性化推荐引擎技术，对每条信息提取几十个到几百个特征，并进行相似计算、聚类计算等去除重复信息，通过对信息进行分类、摘要抽取、主题分析、信息质量识别等处理，根据每个用户的兴趣、位置等进行个性化推荐，推荐内容不仅包括新闻，还包括音乐、电影、游戏、购物等信息。

(2) 网易新闻

网易新闻提供极具特色的新闻阅读、图片浏览、话题投票、要闻推送、离线阅读、流量提醒等功能，充分满足网易用户通过手机浏览新闻、娱乐、体育、财经、科技等多种信息内容的需求，为所有网易用户提升手机浏览信息的阅读体验。

(3) 腾讯新闻

腾讯网从 2003 年创立至今，已经成为集新闻信息、区域生活服务、社会化媒体信息和产品为一体的互联网媒体平台。腾讯新闻的特色是把新闻、视频、微博有机结合在一起，为移动端用户提供多形式内容聚合的快速阅读体验。此外，腾讯新闻有强大的实时推送功能，能把重大新闻瞬间推送到移动端，使用户随时随地掌握天下事。重大事件发生时，腾讯新闻能够实现 30 秒内实时推送新闻。

4. App 和小程序

(1) App

App(Application)一般指手机软件。为了使手机应用更个性化，用户往往会在手机上安装十几个甚至几十个 App。对人们来说，想吃饭，有美团、饿了么；想出行，有携程、飞猪；想租房，有自如、我爱我家；想购物，有淘宝、京东；想社交，有微信、QQ；想听歌，有网易云音乐、QQ 音乐。如今 App 逐渐增多，人们买药、拍照、骑单车、坐公交地铁也有相应的 App 提供服务，从最广泛、大众化的需求到小众需求，App 的覆盖范围越来越广，也越来越深入到人们的生活中。

(2) 小程序

小程序刚面世的时候，就被外界看作 App 的替代品。作为 App 的补充，小程序是当下开发者的新选择，也是微信、阿里、百度、头条等平台新的竞争者。2017 年 1 月 9 日，微信小程序正式上线，到 2019 年 7 月，已经覆盖了 200 多个细分行业。2018 年，百度、支付宝、今日头条宣布进军小程序的开发。由于平台扶持、资本垂青，小程序可以和 App 比肩。轻量级的小程序可以方便地满足用户的使用需求，相比打开率不高的 App，很多用户更愿意选择用完即走的小程序。小程序的未来不可低估。

1.2 新媒体电商的发展

1.2.1 发展原因

新媒体电商得以迅速发展的原因如下。

1. 媒体碎片化，受众注意力日益分散

众多传播研究专家谈及近年的媒体发展变化时，不约而同地会使用“媒体碎片化”一词，所谓“媒体碎片化”至少有以下三个层面上的含义。

① 媒体数量和信息供应量激增和媒体形态多样化。

② 受众选择与使用媒体的自由度和个性化空前提升，加剧了分众状况。

③ 受众对某个媒体的忠诚度不断下降，注意力持续时间缩短。

媒体碎片化要求商家在投入到新媒体电商这一营销方式时，要研究人们的基本生活习惯，根据普通人一天的作息，合理确定投放广告的时间，达到最大的营销效果。如上午 8 点到 9 点，人们一般在上班路上，这时可以投放广告，因为上班路上人们的空闲时间较多，许多人通过观看新媒体平台上播放的信息打发时间，这就能够让广告被更多的人观看。

2. 自媒体对传统媒体的挑战

互联网科技的兴起让信息传播不再是报纸、杂志、广播、电视等传统媒体行业的专属领域，每个人都可以通过微博、微信等公众平台第一时间发布消息，完成信息传播。

自媒体信息传播的及时性、互动性、广泛性、受众多元性都是传统媒体难以企及的。现代化的传播手段为信息的传播提供了更多的渠道选择，且这些渠道相对传统媒体而言耗时更短、成本更低、互动性更强。

为取得长远发展及获得经济效益，传统媒体也正在转变观念，实现与自媒体技术和知识的融合，只有顺应时代发展及市场变化的需求，在稳中求变，才能真正取得竞争优势，发挥自身的社会价值。

3. 网络的发展对传统媒体带来巨大冲击

现代科技发展迅速，特别是互联网科技，发展相当迅猛，互联网用户的快速增加，给原来传统的媒体带来了相当大的冲击。越来越多的互联网用户选择在线阅读电子新闻，而对其他的传统媒体失去兴趣。互联网的冲击使报纸、杂志的订购率、广播的收听率、电视的收视率都下降了不少。

网络媒体在传播信息的过程中，不受传播者和受众的界限影响。受众在接触到

某一信息之后，能及时在网络上向媒体反馈自己的意见，自由发表自己的观点，网络时代的受众，既是信息的接收者，也是信息的发布者。正是因为网络及时给受众提供了发言权，使得交流更加丰富和多向化，这一点，传统媒体很难做到，它基本上是单向传播，无法及时掌握受众反馈的信息和观点，很难得知传播的效果。正因为如此，在网络媒体出现后，传统媒体受欢迎程度大大下降。

4. 良好的新媒体发展宏观环境

随着新一轮科技革命和区块链等新技术的飞速发展，移动应用、社交媒体、网络直播、短视频等新应用、新业态不断涌现，重塑了媒体格局和舆论环境。

我国对互联网和新媒体工作的规划部署呈现出专项、多次、密集的特点。国家的战略部署为新媒体布局与发展提供了根本保证。在政策的推动作用下，新媒体理念与价值认同得到重塑，我国在全球新媒体格局中的力量日益凸显。

新媒体发展的宏观环境主要体现在以下三个方面。

① 国家重视和支持。

② 技术与市场的发育，手机的普及以及 5G 产业的发展。5G 将帮助从事新媒体产业的企业吸引更多的用户，推动物联网发展，实现万物互联。人工智能与 5G 的商用，将改变人们衣、食、住、行的方方面面，新科技的使用将更智能化和人性化，更进一步提升使用者的幸福感与获得感。

③ 资本市场重视。新媒体消费群体与日俱增，社交媒体、移动媒体盛行，它们受到越来越多的投资者关注。新媒体是国家发展规划的重点。随着和新媒体相关产业的制度、政策环境的不断放宽，产业化和市场化进程的加速，新媒体影响力日益凸显，正吸引资本大规模流入。

1.2.2 发展趋势

在传统媒体逐渐数字化的过程中，未来的整合营销离不开传统媒体和数字媒体的共同配合。多数广告主都认同传统媒体也将走数字化的趋势，这意味着越早掌握数字化媒体的规律与使用方法，就越能在未来的营销竞争中占得先机。

1. 注意力经济时代来临

人类阅读信息的载体从岩画到书籍，从书籍到报刊，从报刊到计算机(屏幕)，从计算机(屏幕)到手机，如图 1-1 所示。在这个变化过程中，大的趋势是用来阅读的媒体的面积越来越小，阅读时间越来越短。

更重要的是计算机和手机提供了交互式阅读模式，人们阅读怎样的内容是自己一步步选择的，这和阅读书籍、报刊那种静态阅读模式完全不同，这也导致了新媒体营销与传统营销的不同。

图 1-1

在交互式阅读模式下，如果一个人要花长时间等待自己想看的内容，他会没有耐心，甚至直接跳出。有人归纳出“三秒原则”，意思就是，如果待阅读的内容三秒钟不能呈现，一般人就会选择跳出。

为了让大家对阅读的内容产生强烈的兴趣，保持注意力等待，在新媒体平台上播放的内容越来越倾向选择更吸引人的标题，或者把文章分成若干个小节，每一小节设置吸引人进一步阅读的标题和诱导图片，减少阅读时跳出的可能性，这就是所谓的“标题党”现象。

2. 移动场合阅读时代来临

如今，手机已经相当普及，很多人已经习惯用手机取代原来很多必须依赖计算机完成的工作，如工作交流、邮件收发，甚至是内容制作(如微信排版、编辑)。

手机的普及，给人们带来了移动场合下的碎片化时间阅读模式，在公交、地铁、餐馆等场合，只要有一点儿时间，许多人就会变成低头一族，阅读手机上的信息。

现在互联网上有一个新词叫“头部内容”，就是指总能在主流移动 App 上抢占头条的内容，如果你经常产出头条内容，你就会形成强大的品牌，进而占领消费者的心智。

3. 参与感时代来临

通过媒体进行营销的一大变化趋势就是信息量越来越大，产生信息的周期越来越短。以报纸到移动互联网为例，可以清晰地看到整个媒体的演化特征：报纸上的内容主要是新闻，出版的信息量越来越大，出版的周期越来越短；到了互联网时代，新闻已经可以做到实时更新，支持社区分享和在线评论；在移动互联网时代，更是在实时更新的基础上增加了个性化的内容推送和信息反馈的功能。

4. 社会化传播时代来临

传统媒体，包括当下也被视为传统媒体的一些互联网媒体(如新闻网站)、视频门户，更多的是依赖网站的流量(网站的访问量)传播信息。当产生流量的渠道是百度时，大家都在百度投入；当产生流量的渠道转移到微信时，大家又都想通过微信公众号推广，这些流量的转化率(点击网页的次数和转化为购买力或利润的比值)怎么样呢？

好流量或者说转化率高的流量越来越贵。在大量的流量池中，质量最高的流量往往是你社交圈里信任的人推荐的。

今天的互联网和过去的互联网有一个很大的区别：今天的互联网越来越强化人和人直接的链接，而不仅仅是人和组织、人和社会的链接。

5. 短视频时代来临

短视频时代来临的表现如下。

① 初期的新媒体营销内容以图形、文字等形式为主；与之相比，短视频的信息承载方式更立体、内容更丰富、互动性及参与感更强。

② 随着手机的普及和移动互联网的提速降费，人们有了大量碎片化时间，而短视频平台播放内容的时间通常为 15 秒左右，充分满足了人们在等人、坐车、排队时的碎片化时间段的娱乐需求。

在这种趋势下，企业的新媒体营销工作也需要有相应的变化，首先是风格娱乐化，其次是视频真人化，最后是内容系列化。

6. 信息流时代来临

在新媒体领域，信息流指的是平台按照一定的顺序，像水流一样将内容逐个呈现在用户眼前。如人们在进入微博首页后看到的信息呈现样式即信息流，如图 1-2 所示。

图 1-2

7. 内容电商时代来临

内容电商是指在媒体碎片化的情况下，通过优质的内容传播，进而引发人们的兴趣和购买的营销模式。

随着微信公众号、今日头条、大鱼号等新媒体平台的崛起，新媒体平台与电商平台广泛融合，越来越多的新媒体平台上的账号开始通过文章、视频等内容形式，直接销售商品(包括虚拟商品)。

在内容电商时代，企业的新媒体营销者需要特别注意的是：消费者的互联网消费习惯正在发生变化，从过去的“有具体的购物需求后，去电商平台搜索、比对并下单”变为“无购物需求状态下浏览内容，由于被内容吸引或打动而直接下单”。

1.3 新媒体电商适应渠道

1.3.1 新媒体和新媒体电商类型的发展

1. 从门户网站到微网站

① 门户网站——第一代新媒体。对门户网站按照网站内容和定位分类，可以分为网址导航式门户网站、综合性门户网站、地方生活门户网站、垂直(垂直指的是内容和选择的领域一致，也就是说，一个账号一直输出同一种专业领域的内容)行业综合性门户网站及公司组织门户网站。

② 微网站——手机门户。随着智能手机的普及，移动互联网时代到来，人们更多地喜欢在移动端获取信息。很多门户网站为了适应手机阅读，有针对性地设计了手机门户，由此也出现了微网站的概念，如图 1-3 所示。

2. 从电子邮件到电子邮件营销

① 电子邮件(Electronic Mail，E-Mail)由寄件人通过网络将信件发送给一个人或多个人，一般通过互联网或其他电子通信系统书写、发送和接收信件。

② 电子邮件营销即邮件营销策划(Email Direct Marketing，EDM)，简称为邮件营销，它是一种利用电子邮件与受众进行商业交流的直销方式，邮件营销对于企业的价值主要体现在三个方面：开拓新客户、维护老客户以及品牌建设。

EDM 是在用户事先许可的前提下，通过电子邮件的方式向目标用户传递有价值信息的一种网络营销手段。

电子邮件营销有以下优点。

① 推广周期短，营销见效快。

② 用户阅读不受时空限制，转发传播快。

③ 发送给事先经过许可的有需求的目标用户，针对性强。

图 1-3

电子邮件营销也有以下的局限性。

① 若无节制地群发，所发出的邮件会变成垃圾邮件，也易导致企业的邮件服务器被电子邮件运营商封杀。

② 不经过精心设计就发送邮件，会导致营销的可信度不高；而且在用户不精准的情况下，易引起收到邮件者的反感，影响品牌美誉度，降低邮件的营销效果。

3. 从论坛到知乎

以 BBS 论坛为代表的传统的内容型社区大多依靠用户群之间封闭化、单向性、中心化的运营管理手段来保证产生内容的质量。

这种依赖人工进行管理的手段需要比较高的运营成本，在论坛上能够使帖子获得更高展示权重的因素是回复的“量”而不是本身的“质”，一个帖子能够成为热门的原因往往是帖子的话题性，这使得整个论坛很易于“水化”：一个作者精心准备的优质资料帖往往得到小部分人的称赞后便不再收到回复，慢慢沉下去；而另外一个话题性较强，但实际内容粗俗的骂战帖、攻击帖却往往能引发用户大量回复，长期占据在主题列表的前列。

知乎给自己的定位是成为一个高质量的网络问答社区，网络问答社区的两大重要元素是信息流和用户关系，要做到高质量，对这两大元素就要提出更严格的要求。为了保证这一点，在发展的初期，知乎团队采取的策略是将社区封闭，不实行公开注册，用户只能通过定量发放的邀请码注册，用这种严格筛选的方式保证社区初期种子用户的水准以及用户间的互动质量。

知乎好于普通社区的原因如下。

① 知乎是一个真实的网络问答社区，更容易培养友好与理性沟通的文化。

② 知乎的运营策略是“先精英，后大众”。

③ 从知乎对话题的管理模式看，知乎的信息筛选机制比普通论坛要先进。

④ 知乎中的问答交流，从表面上看是有人在问，有人在答，实际上在背后引入了社交网络服务(SNS)，因此它是人、话题和问题的相互联系。

⑤ 知乎打破了过去论坛的自我封闭性，扩大影响力，吸引更多的用户来交流。

4. 从博客到微博

(1) 第一代自媒体——博客

第一代自媒体是2000年开始出现的新浪博客、天涯博客、博客中国、网易博客、搜狐博客等。博客其实就是简单的个人主页，但是博客增加了推荐门户网站首页、互动等元素，让那些不会和不善于做主页的人有了一个平台用来表达。

新浪博客的权重很高，在百度排名靠前，可以带来流量。新浪门户通过推荐到新浪首页和新浪博客首页等手段，可以带来很大的流量。但是存在的问题是网友复制、抄袭、剽窃太多，作者的权益很难保障。

(2) 微博——人人都是自媒体

2006年3月，博客技术先驱创始人埃文·威廉姆斯(Evan.Williams)创建的新兴公司推出了大微博服务。在最初阶段，这项服务只用来向好友的手机发送文本信息。随着科技的发展和互联网的普及，微博可以通过互联网、MSN、客户端发布，还可以通过移动端发布，真正实现了随时随地发布和接收信息。博友不仅可以上传文字，还可以上传图片和视频。

微博之所以能逐步取代博客，除了更适应移动端之外，还有入门简便、利用了碎片时间、互动性强、实现社交传播的原因。

(3) 微博营销

微博营销是指通过微博平台为商家、个人等创造的一种营销方式，也是商家或个人通过微博平台发现并满足用户各类需求的商业行为方式，它具有以下特点。

① 发布门槛低，成本远小于广告，效果却不差。

② 传播效果好，速度快，覆盖广。

③ 针对性强，利于后期维护及反馈。

④ 使用手段多样化、人性化。

⑤ 具备开放性，互动性强。

⑥ 技术性高，浏览页面佳。

⑦ 操作简单。

5. 从搜索引擎营销到知识问答服务

① 搜索引擎营销(Search Engine Marketing，SEM)指的是在搜索结果页面植入营销信息，诱导目标用户点击。

② 知识问答服务以在互联网上搜索查询信息为基础，为用户提供有用的信息和知识。它对互联网上海量信息进行处理，经过采集、过滤、分类、摘要、精华萃取等处理过程，运用交互式方法为网络用户提供服务。知识服务平台可以提供新闻摘要、问答式检索、论坛服务、博客搜索、网站排名、情感计算、倾向性分析、热点发现、聚类搜索、信息分类等知识服务。

6. 从 QQ 到微信

即时通信(或者说实时通信)是一种让使用者在网络上进行私人聊天交流的实时通信服务。QQ 和微信都属于即时通信。

QQ 是适应 PC 互联网时代的即时通信工具，QQ 有在线、隐身、离开、离线等功能，QQ 空间包括日志、说说、相册等。在 QQ 空间中可以看到任何人对自己好友的评论和回复。

微信是适应移动互联网时代的即时通信工具。微信朋友圈分享的内容主要是碎片化的场景。微信朋友圈基于更为私密的关系链，其隐私权限限制更为严格，在微信朋友圈只能看到互为好友产生的评论和回复。

7. 从视频到抖音

2016 年 9 月，专注年轻人的 15 秒音乐短视频社交软件“抖音”上线，用户可以通过抖音选择歌曲，拍摄短视频，形成自己的作品上传到抖音平台。在完成初期的验证及版本更新后，抖音于 2017 年 2 月开启大规模的用户拉新工作；从 2018 年春节开始，抖音已经在软件下载市场超越微信、微博等一系列著名的软件。

在抖音这类短视频平台进行营销的模式分为 3 类。

① 投放信息流广告，用户在软件中逐条浏览短视频时，可以直接观看企业广告。

② 与网络红人进行合作，邀请粉丝数量大的网络红人拍摄定制化短视频，把企业广告友好地植入短视频里。

③ 开通商品橱窗，将企业产品上传至商品橱窗，然后围绕产品拍摄短视频，并引导用户点击购买。

8. 从数字电视到网络电视直播

数字电视的产生是电视技术的一项革命，数字电视与数字通信基本一样，都是以数字化的形式传播信息。

网络电视直播相对于传统的电视节目直播，给受众提供了更多功能的信息服务。随着我国网络电视直播技术的不断发展与进步，网络电视直播已覆盖了人们生活的各个角落，正在逐步改变着人们的生活方式和生活习惯。网络电视直播通过综合服务网，使受众的新闻、经济、信息、娱乐、教育、购物等个性化需求得到满足，网络电视直播不仅是传播工具，也是为受众提供服务和娱乐的平台。

1.3.2 新媒体电商主流平台

1. 网站平台

网站平台包括门户网站、各行业网站、本地网站、与品牌相关联的网站等。在网站平台上发布广告的主要形式有横幅广告、焦点图广告、对联广告、漂浮广告等。在网站平台投放广告的优点如下。

① 受众范围广，包含各个层次的人。

② 有利于提升品牌的全国或本地知名度。

③ 有利于拓展全国或本地市场，吸引大量的零售者。

在选择网站投放广告的时候，最重要的考虑是网站人气；其次需要考虑网站的定位与企业的定位是否一致，网站入驻的品牌企业是否足够多等；最后可通过网站平台的网站导航、商务合作等方式找到投放广告的入口，并了解各网站各广告位置的价位及展现形式。

2. 移动新闻客户端

目前，市场上比较主流、用户量比较大的移动新闻客户端(主要指手机)为以下两类。

① 精准定制类：根据个人阅读习惯，定向推送内容，包括今日头条、一点资讯、天天快报等。

② 常规新闻类：包括腾讯新闻、网易新闻、搜狐新闻、新浪新闻、凤凰新闻、澎湃新闻等。

3. 社交媒体平台

(1) 微博

目前有观点认为微博活跃度下降了，“周边的好多人都玩微信，不怎么玩微博了”。这是假象，微博和微信本就不同，微博是社交媒体，微信是社交即时通信。在微博平台上，企业常用的新媒体工具和资源包括微博企业自媒体和微博广告资源。

微博较微信更为开放，互动更加直接，它的推送不受数量和时间限制，形式多样，并且因其开放性而容易产生爆炸式的传播效果。

微博作为社交媒体，基于其社会化自传播特性，传播速度极快，因此，微博往往是品牌话题营销的绝佳载体，能快速拉升品牌知名度。而作为单一门店，在市场运作中，使用微博也很有必要，多一个渠道就可能多一批客户，在日常微博运营中，动态地把门店的各类活动展现出来，能挖掘出潜水的客户。

（2）微信

微信是中国社交领域的绝对霸主。

2020 年中国移动社交用户规模突破 9 亿人。微信经过多年的发展，已不再是单纯的社交工具，它早已渗透到人们生活的方方面面。目前，微信的社交关系链庞大且稳固，用户对其也养成了一定的依赖。

广泛渗透的微信逐渐承担了生活、工作等多个社交工具的角色。调查显示，97.5%的受访网民表示拥有微信号，其中拥有单个微信号的受访网民占 48.6%，拥有两个及两个以上微信号的受访网民约占 48.9%。使用便利、功能全面、已养成习惯是受访网民使用微信最主要的三个原因。

据调查，每天都会使用的微信工具的排名依次为：收发消息、朋友圈、公众号、微信红包或转账、微信支付，近七成用户每月支付或转账额度超过 100 元，支付的用户规模化和使用习惯培养接近完成。

微信朋友圈信息流中，用户更关心好友发布的生活状态，占比超 6 成。从朋友圈信息的多样性看，用户的喜欢程度依次为图片、文字、短视频、文章链接。

4. 视频平台

视频平台是指在完善的技术支持下，让互联网用户在线流畅发布、浏览和分享视频作品的网络媒体，其特点是生产速度快，来源多样化，草根性与专业性并存，在视频中还可以植入其他网页的链接，用户之间可以互动。

视频平台包括视频网站平台、短视频平台、视频直播平台等。

① 视频网站平台(爱奇艺、芒果 TV、优酷等)。这类平台可以向互联网传送高清码流，用户可以看到高清甚至超清的视频，大环境和技术决定这个服务有很好的用户价值。

② 短视频平台(快手、抖音、百家号等)。随着手机普及和移动网络提速，短平快的短视频传播内容逐渐获得各大平台、粉丝和资本的青睐。

随着网红经济(以时尚达人为形象代表，以网络红人的品位和眼光为主导，进行商品选择和推广，在社交媒体上聚集人气，进行定向营销，引导粉丝，将他们的行为转化为购买力的一个过程)的出现，短视频行业逐渐崛起一批优质内容制作者，秒拍、快手、今日头条等纷纷加入短视频行业，募集优秀内容制作团队入驻。目前，短视频行业竞争进入了白热化阶段，内容制作者也偏向专业运作。

③ 网络直播平台(虎牙、斗鱼、YY、一直播等)。网络视频直播最大的特点是直观性、即时互动性。网络视频直播与小微企业生产过程相结合，在品牌展示、用户沟通等方面大显身手。国内视频直播大致经历了三个发展阶段：PC 秀场直播、游戏直播、移动直播，如图 1-4 所示，目前市场正处于移动直播最火热的阶段。

01 PC秀场直播	02 游戏直播	03 移动直播
·代表企业：9158、YY、六间房等。 ·YY从语音软件进军秀场直播领域。2010年，视频网站六间房转型为签约主播的秀场模式。目前，PC秀场直播已经形成以虚拟物品打赏为主的成熟盈利体系。	·代表企业：虎牙、斗鱼、熊猫、龙珠等。 ·2014年，YY剥离游戏直播业务成立虎牙直播；同年斗鱼由A站独立，二者成为游戏直播最初的双龙头。2015年成立的龙珠、熊猫通过抢占赛事资源、挖人气主播等方式快速抢占市场。	·代表企业：映客、花椒等。 ·相较于PC秀场直播，移动直播一方面已突破场景限制，可随时随地直播；另一方面降低直播者门槛，不限制于职业直播，更趋向全民直播，且在内容方面也呈现泛娱乐化趋势。

图 1-4

1.4 新媒体营销变现

1.4.1 新媒体营销变现形势分析

新媒体营销变现是利用新媒体平台进行品牌推广、产品营销，策划和品牌相关的、有高度传播性的内容和线上活动；向客户广泛或者精准推送消息，提高参与度和知名度，从而充分利用粉丝经济，取得经济收益的营销活动。

可以从以下几个方面认识新媒体营销变现形势。

1. 新媒体发展迅速

(1) 中国网络新媒体用户概览

新媒体正在逐步取代传统媒体成为使用率最高的媒体形态，相比之下，报纸、杂志、广播、电视等传统媒体的用户使用比例下跌明显。

社交媒体、新闻客户端成为日益重要的信息通道，新媒体用户将微信、微博等社交媒体作为获取新闻信息的主要方式，用户日益养成依赖社交媒体获取信息及表达诉求的习惯，许多用户将手机新闻客户端作为获取新闻信息的主要方式。

新媒体跨屏使用行为普遍，多屏互动有较大发展，许多新媒体用户在做其他事情的同时玩手机，或使用其他设备在社交网络进行交流。

(2) 中国移动互联网的发展逐步成熟

根据《中国移动互联网发展报告(2020)》显示，人工智能、5G 等技术应用广度和深度持续拓展，截至 2020 年 3 月，中国手机网民规模达 8.97 亿，较 2018 年底增长 7992 万。与此同时，2019 年我国移动互联网接入流量消费达 1220 亿 GB，同比 2018 年增长 71.6%。短视频应用成为流量增长的主要拉动力，2019 年，移动用户使用抖音、快手等短视频应用消耗的流量占比超过了 30%。

(3) 移动端使用时长占比超台式计算机端 2 倍

根据监测系统的监测数据显示，移动端月度有效浏览时间超过台式计算机端使用时长 2 倍。当前，台式计算机端使用时长已趋平稳，移动端则仍在以较高速度增长，未来网民对于移动端的依赖还将进一步加强。

截至 2019 年年底，我国移动端互联网网民规模达 13.19 亿。台式计算机端的使用率出现下降，移动端的使用不断挤占其他上网设备的使用。

移动互联网与线下经济联系日益紧密，据调查显示，2020 年有 74.0%的用户每天使用移动支付，较 2019 年提高 4.4 个百分点，绝大多数用户认为操作简单方便是选择移动支付的主要原因。

(4) 新媒体正在逐步取代传统媒体成为使用率最高的媒体形态

常使用的媒体形态中，新媒体用户从 2015 年的 24.7%提高到 2019 年的 64.9%。

2. 新媒体用户付费习惯逐步养成

《2016—2020 年中国新媒体产业投资分析及前景预测报告》显示，33.8%的新媒体用户已经产生过对新媒体内容的付费行为，还有 15.6%的用户有付费的意愿但是还没有付费的行为，50.6%的新媒体用户不愿意也不打算为新媒体内容付费，而在 2014 年的调研数据中，有 69.7%的用户不愿意为新媒体付费。过去，由于网民有传统的免费观看和阅读的习惯，知识产权意识相对薄弱，对除游戏产品外的互联网产品的付费意愿一直不高。如今，有近半用户已产生付费行为或打算付费，说明对新媒体用户通过付费获得优质内容的教育已经初见成效，还需要合适的营销契机和简化付费过程来吸引有相当数量消费意愿但尚未完成消费的新媒体用户。

3. 新媒体营销变现方式

现在，迅速发展的新媒体营销，主要是通过以下这几种方式来实现变现。

① 内容付费：现在的众多新媒体平台，都开通了赞赏功能。一些实用教程和公开课都设置了付费按钮，全面覆盖内容承载、用户运营、商业变现，构建知识付费生态闭环。新媒体营销中应该打造精品阅读内容，为吸引受众中的关注群体打下基础。随着流量红利时期的过去，越来越多的大型新媒体企业都开始以打造内容精准度为方向，不断细分新媒体市场，以受众中的关注群体为主要服务对象。学会用简单的形式呈现丰富的内容，是吸引阅读的重要方式。除此之外，要制作内容付费的

关联性，根据读者的喜好来制定新媒体营销的发展方向。

② 营销推广：通过第三方平台或技术搭建自己的商城，将其他电商平台和官方网站的信息与新媒体平台及时有效地联系在一起，这样可以提升销量，实现盈利。而使用平台的方式是帮其他企业或组织推广产品赚取广告费，广告商以阅读量或其他数据计算费用。

③ 社群运营：本书所说的社群主要指微信群或 QQ 群，社群运营包括活动策划管理，线上、线下配合开展多项活动，实现人人参与。在线上、线下策划和举办活动，就是通过各种新媒体宣传和线下推广，利用时事或热点，增强品牌的曝光度，实现企业盈利。以奖品赠送的方式，吸引更多的人参加，在无形之中提升企业的社会形象，变现盈利。

新媒体营销工作是全方位的，有各种适合推广自己的方式。学会分析数据，不断优化发展方向，才能达到变现的目的。

1.4.2 新媒体电商的营销策略

1. 事件营销

事件营销是指通过策划、组织和利用具有新闻价值、社会影响以及名人效应的人物或事件，吸引媒体、社会团体和消费者的关注，提高企业或产品的知名度、美誉度，树立良好的品牌形象，并最终促成产品或服务的销售。

事件营销的策划要谨慎、适度，有的企业切入点很好，但是过度渲染，结果让受众产生审美疲劳。如果企业能做到不偏不倚，以客观的表述加上诚恳、贴心的提醒，就会让整个事件营销获得巨大的成功。因此，在策划一场事件营销的过程中，企业要明确并时刻谨记自己的目的。

2. 病毒营销

病毒营销是指利用受众的积极性和人际网络，让营销信息像病毒一样传播和扩散的营销方法。使用这种方法，营销信息被快速复制，传向数以万计、百万计的受众，它能够像病毒一样快速复制，广泛传播。

开展病毒营销，对营销中传播的信息应注意以下事项。

① 好的标题。好的标题能紧紧抓住受众的心理，使受众在潜意识的控制下点击。

② 优质内容。在“干货”盛行的互联网时代，了解受众的需求，分享一些对他们有帮助的或极具认同感的内容，对于内容的传播更有帮助。

③ 高质量的配图。所配图形的内容要充满正能量，提高图形的配色质量，也可以提高受众的点击率。

④ 精准投放。选择一个精准的平台很重要，平台的用户来自受众，一个平台的

用户需求往往是精准定位的。

⑤ 多平台分享。单一平台的传播速度及范围有限，要想让营销信息的传播速度快、影响范围大，一般应该在多个平台投放。

3. 口碑营销

口碑营销是企业在调查市场需求的情况下，为用户提供所需要的产品和服务，同时制订一个口碑推广计划，让用户自动传播对公司产品和服务的良好评价，让人们通过口碑了解产品和服务，最终达到销售产品和提供服务的目的。

在当今这个信息爆炸、媒体众多的时代，人们对广告，甚至新闻，都具有极强的免疫能力，企业只有制造新颖的口碑传播内容才能吸引人们的关注与议论。口碑是目标，营销是手段，产品是基石。

4. 饥饿营销

饥饿营销是指商品提供者有意降低产量，以期达到调控供求关系、制造供不应求“假象”的目的，用来维护产品形象并维持商品较高售价和利润率的营销策略。

企业先通过大量的促销广告宣传，引起消费者的购买欲望，然后采取饥饿营销的手段，让消费者苦苦等待，从而进一步提高购买欲望，这样，有利于提高产品销价，或为未来大量销售奠定基础，让品牌产生高额的附加价值，为品牌树立高价值的形象。

5. 情感营销

情感营销就是把消费者个人情感差异和需求作为企业品牌营销战略的情感营销核心，通过情感包装、情感促销、情感广告、情感口碑、情感设计、企业文化等策略来实现企业的经营目标。

6. 知识营销

知识营销是指通过有效的知识传播方法和途径，将企业所拥有的对用户有价值的知识传递给潜在用户，让潜在用户逐渐形成对企业品牌和产品的认知，从而将潜在用户最终转化为实际用户的各种营销行为。采用知识营销的方式，要让用户在消费的同时学到新知识，要重视和强调知识的纽带作用，通过对相关产品知识的宣传、介绍，让用户知晓产品或服务的特点及优势。

例如，茅浆窖酒以受众的口吻在“百度知道”上咨询“分辨 87 年茅浆窖酒真假的方式”，再以专业人士的身份详细回答，有理有据，既为抱有同样疑惑的受众提供了答案，又向他们传达了茅浆窖酒的珍贵。

7. 会员营销

会员营销是一种精准的营销，它是基于会员管理的营销方法。新媒体电商通过将普通消费者转变为会员，分析会员的消费信息，挖掘会员的后续消费力及其终身消费价值，还可以通过会员中转介绍等方式，将一个会员的价值最大化，并且通过会员积分、等级制度等多种管理办法，增加会员的稳定性和活跃度，使会员生命周期持续延伸。

1.4.3 新媒体电商应具有的思维

1. 社交思维

随着新媒体营销的发展，拥有粉丝变得越来越重要。新媒体时代的粉丝充当着重要角色，新媒体营销之战其实也是粉丝之战。拥有粉丝就等于拥有财富，新媒体营销的目标大多转向了获取高质量的粉丝。粉丝经济告诉我们，一个媒体平台，如果不能“聚粉”，那么这个媒体将会慢慢失去价值。

2. 用户思维

用户思维是指在价值链各个环节中都要“以用户为中心”考虑问题。企业应该站在用户的角度思考，以用户的语言表述他们的关注点，帮助用户思考和判断，从而让用户能快速获取自己的所需。

培养用户思维，应从了解用户开始。“用户思维”的关键点就是到用户中去，看看他们最关心什么，对产品和服务有什么看法，他们是怎么描述产品的。打动用户，要从用户最关心的价值点入手。

3. 流量思维

互联网时代，流量为王。网站如果没有流量，就如同“无源之水，无本之木”。因此，抓住用户的兴趣点，也就抓住了新媒体营销的根本。借势热点是最普遍的蹭流量行为，用户的关注点在哪里，就去生成与关注点相关的内容来迎合他们的需求。

例如，在“蓝瘦香菇”视频火爆时，有些公众号就借势做了一个“蓝瘦香菇”的 H5(泛指在移动互联网的社交媒体上传播的、带有交互功能的 Web 页面)游戏。

4. 大数据思维

新媒体是建立在数字技术和网络技术上的“互动式数字化复合媒体”。作为技术不断更新的产物，新媒体以其形式丰富、互动性强、渠道广泛、覆盖率高、精准推送、性价比高、推广方便等特点在现代传媒产业中占据越来越重要的位置，从而积累了大量用户和用户行为数据，它们是进行用户分析的大数据的基础。

数据是十分重要的资源，大数据已成为新媒体的核心资源，它是用来统计和分析受众心理、需求及行为习惯等的重要依据。分析、解读数据，探索并得出一种为受众提供个性化服务的新媒体运营方式，将成为新媒体电商在大数据时代赢得竞争的优势。

1.5 新媒体营销工作岗位

越来越多的企业开始设置从事新媒体营销工作的“新媒体运营员”岗位。

在很多人的认识中，新媒体营销工作主要是给企业发微博，准备微信公众号文章，搞一些抽奖活动，然后转发扩散到微博、微信中，其实并不这样简单。

从事新媒体营销工作的新媒体运营员有没有前途？新媒体运营员要做些什么？这个岗位需要积累哪些方面的能力？

1.5.1 新媒体运营员的主要工作

新媒体运营员的工作绝不只是简单地发微博、微信和搞抽奖活动来吸引用户，它们只是新媒体运营员工作内容的一些组成部分。

完整的新媒体运营工作涉及的内容是多方面的，如图 1-5 所示。

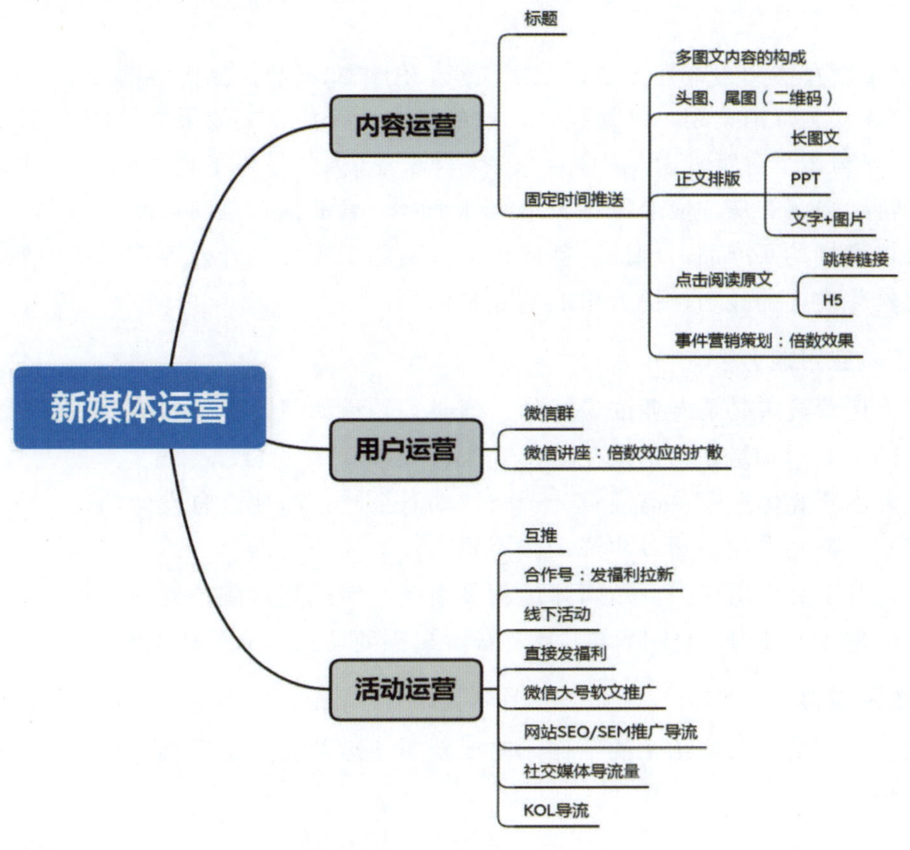

图 1-5

一个新媒体运营员要懂很多关于产品、策划、宣传、公关、广告的知识。合格的新媒体运营员需要做到以下几点。

① 了解产品，脱离产品的新媒体营销是没有意义的。

② 积累“网感”，在了解产品和用户的基础上能够快速抓住网络流行热点，创作内容丰富的图文。

③ 整合资源，整合网络上各种图文素材和各种能帮助传播的优质资源。

④ 内容、活动策划，新媒体营销的形式一直在变，但有效策划好内容、好活动的基本框架却是稳定的。

1.5.2 新媒体运营员应具备的能力

1. 内容策划能力

用户在接触企业的产品前，最先接触的是企业的文章(包括各种文案和软文)、海报、短视频等。因此，新媒体运营员需要持续提升撰写、测试、优化宣传内容的能力。

① 学习新媒体文案策划，掌握挖掘卖点、创作文案及传播内容的方法。

② 学习软文营销策划，掌握设计、投放软文及评估软文效果的技巧。

③ 学习写作平台策划，掌握今日头条、百家号、大鱼号等平台策划内容的规律。

需要特别强调的是，现阶段各大新媒体平台一般都具有电商功能，用户在阅读内容时可以直接购买产品。因此，新媒体运营员除了需要提升内容策划能力外，还需要学习转化内容的技巧，提升电商的业绩水平。

2. 工具应用能力

新媒体运营员未必是专业的设计师，但必须知道如何快速找到最合适用在新媒体上传播的工具，知道如何借助工具提高工作效率。

例如，当新媒体运营员需要设计一张活动海报时，即使没有设计功底，也可以在“创客贴”网站在线编辑并生成一张海报。

为了提升工具应用能力，新媒体运营员需要不断提高对图片处理工具、文字处理工具、表单处理工具、H5 制作工具及音、视频处理工具的操作熟练程度。

3. 统筹能力

新媒体营销是一项系统化的工作，需要新媒体运营员做好策划、执行、反馈等一系列工作。

① 学习微信运营，掌握个人账号形象设计、朋友圈运营、微信公众号运营等技巧。

② 学习微博运营，掌握发布微博、推广微博及打造矩阵等方法。

③ 学习社群运营，掌握搭建团队、日常运营、激活社群等具体技巧。

④ 学习活动策划与运营，特别是直播活动的整体运营，充分利用直播提升企业销售业绩。

⑤ 学习产品策划与运营，如为企业策划专属小程序，与开发团队充分沟通并确保小程序顺利上线。

4. 数据分析能力

与传统的营销方式不同，从事新媒体营销往往很容易获得较为精确的数据，如页面访问量、文章转化率、用户浏览时长、网页跳出率等。新媒体运营员必须不断提升数据分析能力，包括自媒体数据分析、活动数据分析、网站数据分析等能力。

5. 热点跟进能力

新媒体运营员需要提高对信息的敏感度，了解互联网文化并懂得一些传播的因素，在发生热点事件时可以及时跟进并做出反应。

为了提升热点跟进能力，新媒体运营员需要做好以下几点。

① 及时了解互联网上的动态，关注热点事件的演化(见图 1-6)，分析其背后的传播规律。

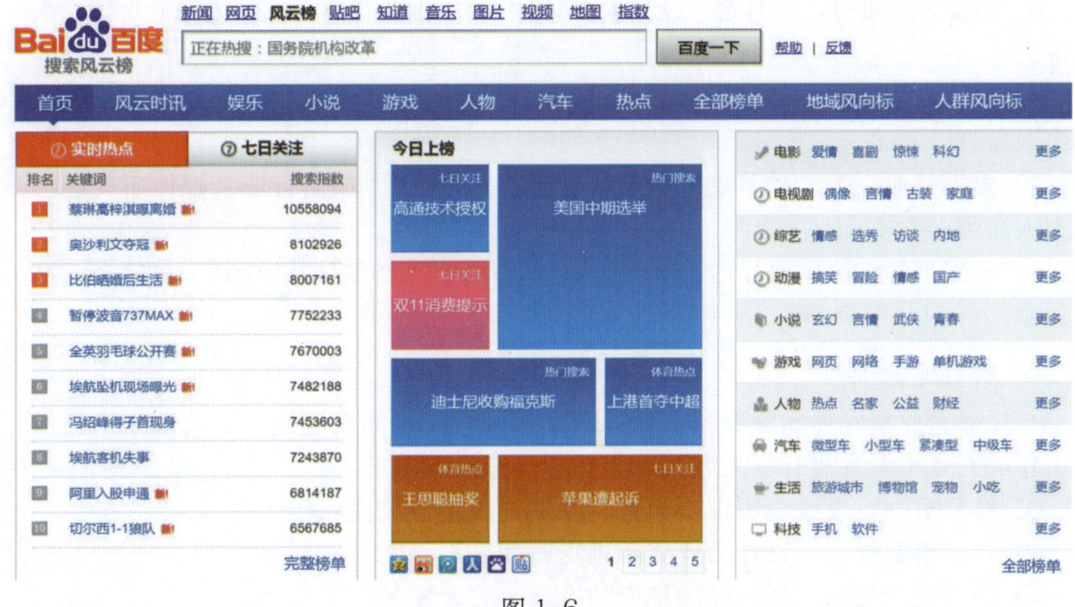

图 1-6

② 关注新媒体营销的最新案例，对近期火热的案例进行分析并取长补短。

③ 时刻关注微博热搜榜，查看当前热门信息。

1.5.3 打造个人品牌，用新媒体营销自己

要想获得新媒体运营员岗位的工作，必须打造好个人品牌。

个人品牌指的是个人拥有的外在形象和内在涵养所传递的独特、鲜明、确定、易被感知的信息集合体。传统的个人品牌打造方式包括书籍出版、电视采访、新闻报道等，对多数人而言难度较大，不过在“人人都是自媒体”的新媒体时代，打造个人品牌的难度大大降低，每个人都可以注册新媒体平台账号并发表观点，尝试获取粉丝。

打造个人品牌有以下三个好处。

① 注册并运营自己的新媒体账号，需要完成策划形象、规划内容、撰写文章、执行活动等工作，这样可以充分实践所学习的运营知识，防止仅停留在理论层面。

② 打造个人品牌需要持续输出优质图文或音、视频内容，这类内容极有可能被企业或猎头发现，从而增加工作机会。

③ 优质的自媒体账号可以直接写入简历，为面试、薪资谈判等增加砝码。

打造个人品牌的具体步骤如下。

1. 策划细分定位

常见的细分定位包括以下四个方面。

① 根据位置细分，如打造“北京新媒体达人”“山西朔州新媒体爱好者”等个人品牌。

② 根据能力细分，如打造“擅长设计的新媒体人”“懂策划的新媒体运营人”等个人品牌。

③ 根据行业细分，如打造“餐饮行业新媒体达人”“旅游行业新媒体研究者”等个人品牌。

④ 根据兴趣细分，如打造“爱瑜伽的新媒体人”“新媒体+美食达人”等个人品牌。

2. 制订运营规划

与打造企业新媒体品牌类似，在打造个人品牌前也需要制订好运营规划，使后续工作能有条不紊地进行。运营规划包括以下三个部分。

① 形象规划，设计出头像、简介、欢迎词及引导关注二维码等。

② 内容选题规划，设计后续文章推送时间及选题。

③ 品牌推广规划，列出品牌推广的主要平台及账号。

3. 输出品牌内容

用户对于品牌的认知建立在长期交流的基础上，而在新媒体平台上，运营员与用户的交流基础就是品牌内容。

在阅读某个账号的多篇“行业干货”“热点解读”“案例剖析”类文章后，用户才可能逐渐认可账号所有者，此时个人品牌才算是初步建立。因此在这一步，运营者需要按照上一步中制订好的内容选题规划，稳定地输出个人品牌内容。

4. 尝试运营升级

完成前三个步骤后，个人品牌起步工作才算完成。若想持续提升个人品牌知名度，运营者需要进行运营升级。

① 挖掘更多账号资源并尝试进行推广合作。例如，褚时健与本来生活网合作，一方面邀请 80 后名人在传统媒体上“致敬 80 后”，一方面推出个性化定制版褚橙“幽默问候箱”，赠送给社交媒体各领域达人。使传统媒体和新媒体形成交叉传播，创造出销售佳绩。

② 寻找行业内的优秀个人品牌账号，研究其选题规划、推广方法、形象设计等要素并取为己用。

2 电商营销新思路——直播

2.1 直播与直播营销概述

随着互联网的不断普及，一种新兴的、能实现网络直播的互联网产业——网络直播平台正在崛起，网络直播平台是互联网飞速发展中的一个新事物。

网络直播可以将展示产品、召开会议、介绍背景、进行测评、网上调查、对话访谈、在线培训等现场以视频的形式发布到互联网上，利用互联网的直观、快速、表现形式好、内容丰富、交互性强、地域不受限制、受众可划分等特点，加强活动现场的推广效果。现场直播结束后，还可以随时为受众继续提供重播和点播，有效延长直播的时间效应和扩大直播的空间效应，最大限度地发挥直播的价值。

2.1.1 直播营销的基础概念

1. 基本含义

随着自媒体和网红经济的迅速发展，通过网络直播进行营销已经成为网红带货（推广产品，带动产品销售）、自媒体人带货最直接的方式和碎片化营销的有效途径之一。

直播营销是指在现场随着事件的发生、发展进程，同时制作和播出视频的营销方式，这种营销活动以直播平台为载体，达到企业提升品牌知名度或增长销量的目的。直播营销具有参与门槛低和内容多样化的优势。

构成直播营销的四大要素是场景、人物、产品、创意，四者缺一不可。

2. 直播营销的优势

直播营销是一种营销形式上的重要创新，也是体现互联网视频特色的营销方式。直播营销有以下优势。

① 在当下的语境中，直播营销就是一场事件营销，直播内容除了具有广告效应外，新闻效应往往更明显，引爆性也更强。相对而言，通过直播，可以让一个事件或一个话题更轻松地进行传播和引起关注。

② 能体现用户群的精准性。观看网络直播时，用户需要在一个特定的时间共同进入播放页面，这虽然与互联网视频所提倡的“随时随地性”不吻合，但是通过这种播出时间上的限制，也能够真正识别并抓住具有忠诚度的精准目标用户群。

③ 能实现与用户的实时互动。相对传统的电视，互联网视频的一大优势是能满足用户更多元的需求。用户不仅能单向观看，还能一起发弹幕(以字幕弹出形式显示的评论)，喜欢谁就直接献花奖赏，甚至还能动用民意的力量改变节目进程。这种互动的真实性和立体性，也只有在直播的时候才能完全展现。

④ 和用户深入沟通，产生情感共鸣。在碎片化阅读信息的时代，在去中心化的语境下，人们在日常生活中的交集越来越少，尤其是情感层面的交流越来越浅。网络直播，这种带有仪式感的播出形式，能让一批有相同志趣的人聚集在一起，聚焦在共同的爱好上，相互感染情绪，形成情感气氛的高潮。如果品牌在这种氛围下恰到好处地推波助澜，可以产生四两拨千斤的营销效果。

3. 直播营销发展的原因

① 移动网络的发展和移动端设备的普及。像花椒直播这样完全诞生在移动互联网时代的视频直播 App 开始出现并受到资本市场的关注，原因在于移动网络速度的提升以及流量资费的降低，它们使得网络直播比以往更流畅和更易于被接受。另一个重要的原因是移动端设备(主要指手机)的普及，它让人们能直接用手机拍摄视频并上传，这就使得网络直播能够有更多的场景，从而让企业有了全新的营销机会，可以随时随地、更加立体地展示企业的文化，发出企业的声音，而不再仅仅依靠微博和微信。

② 企业需要更立体的营销平台。在过去几年，很多企业已经在微博、微信上开通账号，将它们作为企业品牌营销和文化传播的标配。不过这样传播的内容还是以图文为主，虽然在微信上的传播方式要多一些，比如一些 H5 游戏或展示页面，但这远远不够。在如今这个信息泛滥的时代，单纯用文字进行传播，很可能被忽略，而图形则不够立体，用户看到的内容都是静止的。网络直播的兴起，使得企业在微博、微信之外，多了一个更为立体生动的、以视频形式出现的营销阵地。

③ 网友看视频、玩视频的习惯养成。无论是移动互联网时代的发展，还是企业营销的需求驱动，最重要的根基是用户愿意在网络直播平台上“玩耍”。越来越多的人愿意在网络直播平台上花费时间创造内容和浏览内容，这都得益于用户习惯的培养。

2.1.2 直播的发展历史

直播随着硬件水平和网络速度的变化，经历了 4 个阶段，如图 2-1 所示。

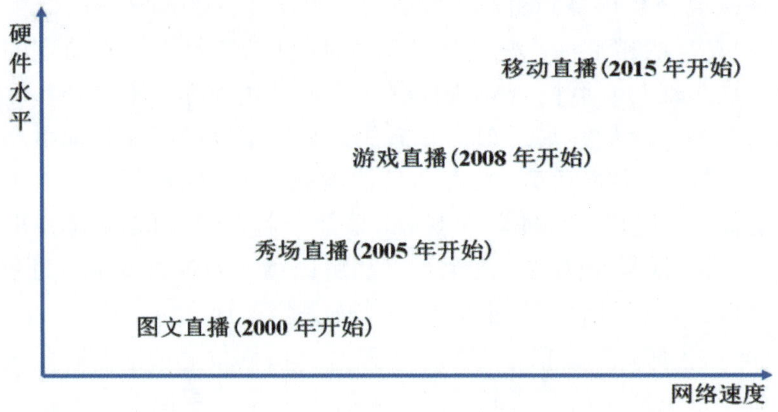

硬件水平

移动直播(2015 年开始)

游戏直播(2008 年开始)

秀场直播(2005 年开始)

图文直播(2000 年开始)

网络速度

图 2-1

1. 图文直播

拨号上网与宽带上网刚兴起的时候，网速较慢，网民上网以聊天、看新闻、逛论坛为主。这一时期的直播形式仅限于文字或图片，网民通过论坛追帖、即时聊天工具等形式，了解事件的最新进展。

2. 秀场直播

随着网速的提升，视频直播开始出现。但受制于计算机运行速度及内存容量的限制，网民无法同时打开多款软件进行“一边玩游戏一边看直播”或“一边看体育比赛一边做解说”等操作，仅支持利用网页或客户端观看秀场直播。

3. 游戏直播

随着计算机硬件的发展，网民可以打开计算机进行多线操作，“一边听 YY 语音直播一边玩游戏”的情形出现，游戏直播开始兴起。与此同时，国内外一系列游戏直播平台开始出现。

2008 年，主打语音直播的 YY 语音面世，并受到游戏玩家的喜爱。在早期网游领域，使用 YY 语音进行游戏沟通成为游戏爱好者的默认共识。

2011 年，美国 Twitch.TV 从 Justin.TV 分离，独立成为首家游戏直播平台，主打游戏直播及互动；随后，2013 年 YY 游戏直播上线，2014 年斗鱼直播上线，国内台式计算机端游戏直播平台初具规模。

4. 移动直播

随着智能手机硬件不断升级，移动互联网逐步提速和降费，网民进入全民移动直播时代，与之对应的是大批移动直播网站的发展。花椒、美拍、映客、斗鱼等直播平台大量出现在移动互联网上。同时抖音和快手等发展火热的短视频平台也开拓了直播这一板块，并鼓励平台用户入驻直播。

2.1.3 各大直播平台分类

各大直播平台的分类如表 2-1 所示。

表 2-1 各大直播平台的分类

综合类	游戏类	秀场类	商务类	教育类
一直播	熊猫直播	六间房	脉脉直播	网易云课堂
映客直播	斗鱼直播	YY 直播	微吼直播	沪江 CCtalk
花椒直播	虎牙直播	新浪秀场	京东直播	千聊
QQ 空间	龙珠直播	腾讯视频	天猫直播	荔枝微课

① 综合类：通常包含较多的直播类目。网友进入平台后可选择的余地较多，包括游戏直播、户外直播、校园直播、秀场直播等。

② 游戏类：主要针对游戏的实时直播平台。与体育爱好者痴迷于某项体育比赛相似，游戏爱好者通常会较规律地登录游戏直播平台，甚至追随某位游戏主播。

③ 秀场类：2005 年开始在国内兴起，是直播行业起步较早的模式之一。秀场直播是主播展示自我才艺的最佳形式，受众在秀场直播平台浏览不同的直播间，类似于走入不同的演唱会或才艺表演现场。

④ 商务类：与游戏类、秀场类等平台不同，商务类直播平台有更多的商业属性，在商务类直播平台进行直播的企业，通常带有一定的营销目的。利用商务类直播平台，企业可以尝试以更低的成本吸引受众，并产生交易。

⑤ 教育类：传统的在线教育平台以视频、语音、PPT 演示文稿等形式为主，虽然呈现形式丰富，但互动性不强，无法做到实时讲解与答疑，在这种情况下，教育类直播平台应运而生，其中网易云课堂、沪江 CCtalk 等平台在原有的在线教育平台基础上增加直播功能；而千聊、荔枝微课等平台则属于独立开发的教育直播平台。

2.1.4 直播营销的优点

① 成本低。传统的广告营销方式的成本越来越高，网络营销成本也开始变高，而直播营销对场地、物料等需求较少，是目前成本较低的营销形式之一。

② 直观快捷。用户在网站浏览产品图文或在网店查看产品参数时，需要在大脑中自行构建场景，而直播营销可以将主播试吃、试玩、试用等过程直观地展示在受众面前，可以更快捷地将用户带入营销所需的场景。

③ 产生直接的销售效果。用户在购买商品时往往会受环境影响，会因为“看到很多人都下单了”“感觉主播使用这款产品效果不错”等原因而直接下单。因此在设计直播营销时，企业可以重点策划主播台词、优惠政策、促销活动，同时反复测试与优化在线下单页面，以获取更好的销售效果。

④ 获得更有效的营销反馈。在产品已经成型的前提下，企业营销的重点是呈现产品价值，为了持续优化产品质量及营销过程，企业需要营销反馈，了解顾客意见。由于直播中的互动是双向的，主播将直播内容呈现给受众的同时，受众也可以通过弹幕的形式，分享自己的体验。因此企业可以借助直播，一方面收到已经用过产品的用户的使用反馈；另一方面获得现场受众的观看反馈，便于修正产品和营销活动。

2.1.5 实训作业

根据自己的个人类型定位，选择适合的直播平台，注册个人账号并熟悉平台。

2.2 直播营销思路

2.2.1 “五步法”设计直播营销

一个完整的直播营销过程可以分五个步骤，它们分别是确定整体思路、策划筹备、执行直播、后期宣传、总结效果。

1. 确定整体思路

作为直播营销的第一步，首先要确定直播的整体思路，可以通过以下三个步骤实现。

① 确定这场直播的目的。

② 根据目的选择对应的直播方式。

③ 根据直播方式设计完整的策略组合。

2. 策划筹备

① 撰写完善的直播营销方案。

② 在直播开始前，将直播过程中需要用到的软、硬件调试好，尽可能降低失误率，防止因为软、硬件出现问题而引起不良的直播效果。

③ 为了确保直播当天的人气，直播运营团队要提前进行预热宣传，鼓励用户提前进入直播间，静候直播开场。

3. 执行直播

为了达到已经确定好的直播营销目的，主持人及现场工作人员要尽可能按策划筹备中预定的直播营销方案进行活动，顺畅地推进直播开场、直播互动、直播收尾等环节，确保直播顺利完成。

4. 后期宣传

直播结束并不意味着这次营销活动就结束了，直播运营团队还需要通过互联网继续宣传直播营销中涉及的图片、文字、视频，把它们传播给未观看现场直播的用户，让直播效果最大化。

5. 总结效果

后期宣传完成后，直播运营团队需要对此前的过程复盘，一方面统计直播数据并与直播前确定的营销目的进行比较，判断直播效果；另一方面组织团队讨论，总结本场直播的经验与教训，做好团队经验备份。

每一次直播营销结束后的总结，都可以作为直播运营团队的整体经验，为下一次直播营销提供优化依据或策划参考。

案 例

2016 年 4 月 14 日，美宝莲纽约举行新品发布会，除了让其新代言人 Angelababy 在淘宝的微淘上进行现场直播外，还邀请了 50 位网红开启化妆间直播，直接展示后台化妆师为模特化妆的全过程。该活动使美宝莲纽约当天的访客比前一天增长了 50.52%，配合互动，销售效果成绩显著，仅直播当天，销量就达到 10607 支，刷新了天猫彩妆唇部彩妆类的销售记录。这次直播营销活动的成功，得益于确定整体思路、策划筹备、执行直播、后期宣传、总结效果这五大环节的顺利完成。

2.2.2 确定直播营销目的

任何一场直播营销都必须围绕营销目的展开，可以通过产品(或商品，为统一起见，统称为产品)分析、用户分析、制定营销目标三个方面进行。

1. 产品分析

从产品分类来看，直播的产品可分为实物产品和虚拟产品，在电商平台常见到的一些有形态的产品都属于实物产品，如衣服、零食、护肤品等；而像游戏、视频、音乐、教程、舞蹈、服务等在电商平台上出售的、没有实物形态的产品，则称为虚拟产品。

从产品两大维度来看，可以分成产品形态与成分、产品功能与效果这两大部分。其中产品形态与成分包括产品形状、产品尺寸、主要结构、构成成分等；产品功能与效果则包括产品口味、容量、使用性能等。

2. 用户分析

用户分析由属性特征分析和行为特征分析两部分组成，如图 2-2 所示。属性特征又分为固定属性和可变属性，固定属性是指不能改变的属性，如性别、年龄等；而可变属性则是指可以变化的属性，如喜好、购买习惯等。不同用户的属性和行为是不同的，可以根据自己直播的类型对应的用户来进行分析。

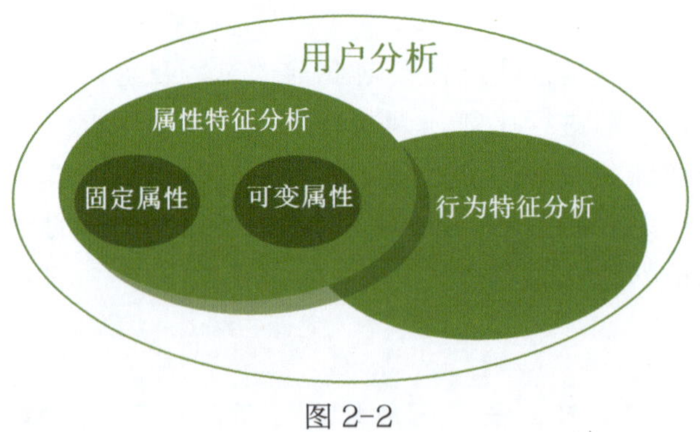

图 2-2

3. 制定营销目标

只有制定一个合理的营销目标，并根据目标进行直播，才能更好地达到营销目的，在制定营销目标时，SMART 原则是一个非常好的参考标准。

Gorge.T.Doran 于 1981 年在《管理评论》杂志上发表了一篇名为“用 SMART 原则制定管理者的目标”的文章，文章探讨了如何制定目标的方法，提出用 SMART 原则来帮助管理者完成制定目标的任务。

使用 SMART 原则可以帮助团队在时刻牢记目标的同时，提高工作效率。因为没有明确的目标，就没有工作重点，没有工作重点，成功完成项目就会变得非常渺茫。

SMART 原则的详细介绍如下。

① 明确性(S)：制定想要实现的目标越明确和具体越好。在这个过程中，可以用 5W 原则：Why——为什么目标很重要？What——为了实现目标要用哪些项目管理工具和资源？Where——工作地点在哪里？Who——目标实现过程中有哪些人参与？When——目标在什么时候完成？原则上来说，目标制定得越明确和具体，成功实现目标的可能性就越大。

② 可衡量性(M)：目标必须是可衡量的。为了跟踪目标进度，必须知道如何衡量目标。这样可以确保朝着正确的方向推进，并激励团队按时完成。为了成功实现目标，需要定期监控和评估项目进度。

③ 可实现性(A)：如果目标是无法实现的，那么花费再大的功夫来制定和衡量都毫无意义。因此，一个重要的原则就是，判断所制定的目标是否可以实现。在制定目标时，要充分发挥想象力，太保守的目标不具备突破性，但也要注意不能太放飞自我，制定不切实际的目标。此外，还必须充分了解手上的资源，需要明确所制定的目标在当前工作的限制条件下可否实现，包括时间和成本等。

④ 相关性(R)：到这一步，目标已经兼具可衡量性和可实现性，这时要考虑它是否具备相关性，不仅要与团队相关，还要与组织目标相关。这意味着制定的目标在符合前述所有原则后，还需要与其他相关的目标保持一致，因为成功完成项目需要团队中的每个人付出努力，因此，它必须与项目其他部分和组织的整体战略保持一致。相关性要求对目标提出了一系列全新的问题。如：所制定的目标值得努力吗？时机是否成熟？是否匹配其他需求？所选的人是否是推进目标的合适人选？目标是否与当前的经济情况和社会趋势一致？如果所有的回答都是肯定的，那么所制定的目标就是具备相关性的。

⑤ 时限性(T)：目标应该始终具备时限性，不制定截止日期的目标通常是无法实现的。制定截止日期，不仅可以充分激励团队，还可以让团队判断哪些任务必须在限定时间内完成。为完成目标制定限制时间，能够帮助项目朝正确的方向推进。在这个环节中，需要回答下列问题：这个目标必须在什么时候实现？再进一步细化，如六个月？六周？还是六天？没有时间框架，就无法有效地制订计划，而目标也不可能实现。

SMART 原则适用于制定任何目标，通过对 SMART 原则的学习与分析，并且跟直播相结合，就能够制定出一个比较完整且合理的营销目标。

2.2.3 选择直播营销的方式

1. 颜值营销

审美观不断提高的浪潮催生出用户对颜值的需求，实用性不再是用户选择商品的唯一追求，“颜值经济”开始渐渐影响品牌的营销方式。营销的方向从品牌塑造的单一实用价值转向实用性和颜值并存，“颜值经济”成为影响品牌营销创意与方向的因素。

案例

2019年上半年，搜狐发布了关于星巴克猫爪杯被疯抢的文章，这款猫爪杯之所以受到用户青睐，其中的一个重要原因就是该品牌从用户需求出发，打造高颜值产品，让这款产品显得更可爱，抓住了用户追求高颜值的需求。

高颜值产品赏心悦目，有一种与生俱来的“设计感”和“精致感”，让用户愿意为它买单。因为有了猫爪杯这样的成功案例，将有更多的品牌加入创造高颜值产品的行列。

2. 采访营销

随着抖音、快手等短视频软件的兴起，短视频的类型也花样百出，采访营销属于一种素人(平常和普通的人)采访节目。新媒体短视频团队在街上随意寻找一个人进行采访，询问一些有趣的问题，制成短视频上传到新媒体平台上播放，受到了很多人的欢迎。随着直播的兴起，这种采访营销也应用到了直播营销平台上。

3. 明星营销

明星的知名度及粉丝量都是比较可观的。许多直播活动通过邀请明星参与直播来提升人气及口碑。随着直播的兴起，现在许多明星艺人也希望参与直播营销活动，以此来提升自己的曝光度。

4. 对比营销

对比营销就是企业通过各种直观的方法将本企业的产品或服务与竞争对手的产品或服务在实际功能、质量上的异同清晰地展示在用户面前，方便用户判断和选购。

对比是市场竞争的核心，一个产品或服务和另一产品或服务进行对比就是竞争。企业在产品开发、零配件采购、定价、广告、促销、导购等几乎每个环节都在有意无意地和竞争对手进行对比。对比可以脱去著名品牌产品或服务用广告编织的华丽外衣，让著名品牌的产品或服务在“裸商品”状态下与自己的产品或服务“公平”竞争。

进行对比营销需要找一个有代表性的对手叫板，通过对比环节的巧妙设计，拿自己具有独特卖点的新产品“强势”地在用户面前与对手货比三家。从效果来看，对比营销在节省宣传费用、创造口碑和提升企业气势上确实是一个讨巧的方法。

5. 稀有营销

物以稀为贵，同样地，这个道理也可以应用到直播营销上，像一些少见的独家电视直播发布会就属于稀有营销。

6. 利他营销

利他营销模式一度被称为世界上最伟大的商业模式，什么是利他呢？用一句话就能解释明白：你为别人创造多大价值，你就有多大价值。

可以用下述例子解释什么是利他：你要用水，不用自己打井，只需安装几个水龙头，打开水龙头就能接到水；你要用电，不用自己买发电机，只需几个插座、插头，接上后打开就能通电。这里提到的水龙头和插座、插头就是利他的代名词。现在，一些跑腿、外卖、购物平台为什么这么红火，核心其实就是利他。

你的产品或服务解决了人们的难题，方便了人们的生活，你的产品或服务就会被推广，自然就会有越来越多的用户认可和购买你的产品或服务。同样的道理，微信和支付宝为什么越来越让人们离不开它们，不正是因为微信拉近了人和人之间的距离，支付宝解决了人们的付款问题吗？这些软件的成功之处就是利他！

大家回顾一下自己喜欢用的软件，就可以在瞬间明白了，就是因为这些软件能帮助我们解决问题，能方便我们的生活，我们才愿意使用它。同样地，运用到直播营销上，你要让人们知道你的产品或服务的利他点在哪里，要让人们信服，才会有用户愿意购买和使用你的产品或服务。

7. 才艺营销

一个好的直播绝对不是枯燥无聊的，如果大家平时喜欢观看不同种类的直播，就会发现，现在非常多的主播在直播卖货之余，会和观看直播的粉丝互动，给粉丝表演才艺，通过才艺展现个人魅力，增加粉丝对自己的喜欢程度，提升直播的活跃度。

2.2.4 企业直播对策

许多直播在直播间进行，用户在直播间下单购买产品的心理及企业相应的对策如图 2-3 所示。

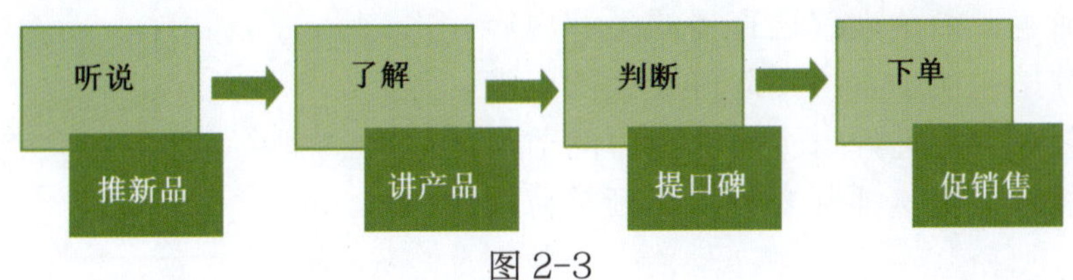

图 2-3

① 用户心理：一般用户在直播间下单购买产品时会经历这样一个心路历程，首先他们会听说企业的某件产品；其次会通过主播的讲解去了解产品，并且可能会通过其他新媒体平台看一看产品的评价与口碑或者进行价格、性能比较；然后判断自己是否需要这个产品；最后确定要不要下单购买。

② 企业对策：针对用户的心理，企业应推出相应的对策来促进直播间的销售，首先针对用户的听说心理，不断推出新品，让大家对自己的产品有新的认知；其次应该对主播的话术(说话的艺术和技巧)进行培训，更好地讲解产品；然后在一些常用的新媒体平台对产品做广告推广，提升产品的口碑；最后由主播通过直播，促成产品的销售。

2.2.5 实训作业

根据本节所讲内容，请你为某个品牌的化妆品设计一个完整的直播营销，包括确定整体思路、策划筹备、执行直播、后期宣传、总结效果五个部分。

2.3 直播前期的策划与筹备

2.3.1 直播方案的核心思路、必备要素与各种规划

1. 直播方案核心思路

① 确定思路：由高管敲定，进行抽象概述。

② 落实方案：明确参与人员，明确传达思路。

③ 准确执行：各项负责人落地推进。

2. 直播方案包含的五大必备要素

① 直播目的：在直播开始之前明确直播目的。

② 直播简述：简单地叙述直播的类型内容。

③ 人员分工：明确直播团队每个人的职能。

④ 时间节点：把握好每个环节的时间节点。

⑤ 预算控制：把直播开支控制在预算范围内。

3. 项目操盘规划

项目操盘规划主要用来保障项目执行的完整性，可以通过填写项目操盘规划表来清楚明确地表达直播的执行规划，项目操盘规划表示例如表 2-2 所示。

表 2-2 项目操盘规划表示例

阶段	策划筹备			执行直播			后期宣传	
时间	1 日	2 日	3 日	4 日	5 日	6 日	7 日	8 日
	星期四	星期五	星期六	星期日	星期一	星期二	星期三	星期四
场地								
直播硬件								
宣传								
人员协调								

4. 项目跟进规划

为保障项目能顺利进行，应按照“一人一事，跟进到底”的原则设计项目跟进规划表，这样有利于通过各个板块负责人分别了解项目中各板块的执行情况，项目跟进规划表示例如表 2-3 所示。

表 2-3 项目跟进规划表示例

板块	内容	形式	发布平台	提交时间	提交方/审核方	策划筹备			执行直播			后期宣传	
						1 日	2 日	3 日	4 日	5 日	6 日	7 日	8 日
场地													
直播硬件													
宣传													
人员协调													

5. 直播宣传规划

可以通过活动的平台、喜爱的形式等关键点设计直播宣传规划，宣传工作必须围绕关键点进行。

2.3.2 引流的六种方法

在直播前要做好引流工作。所谓引流，就是企业要把产品卖给什么样的用户，就想办法搞定有这种意向的用户，从而更容易实现销售。对直播来说，引流就是在直播前做好宣传，引导用户(或粉丝)届时观看直播。

1. 硬广引流

硬广为硬广告的简称。企业新媒体运营团队可以利用官方媒体平台，通过直播宣传进行推广。常见的官方媒体平台包括官方网站、认证微博、官方微信公众号等。由于官方媒体平台属于企业的自有媒体，因此可以直截了当地将直播时间、直播账号、参与嘉宾、抽奖与惊喜等项目详细列出，完整地告知用户，并请他们把这些信息传达给自己的亲朋好友。

2. 软文引流

软文指企业在媒体上刊登的可以提升企业品牌形象和知名度，或可以促进企业销售的一些宣传性、阐释性文章，包括特定的新闻报道、深度文章、付费短文广告、案例分析等。与硬广告相比，软文突出一个“软”字。这类软文从用户角度出发，在标题、开头、正文等部分看不出广告的迹象，阅读到结尾才能看到有关直播的宣传信息。

软文引流需要注意以下两个细节。

① 相关性。软文需要投放到目标用户活跃的平台上，否则推广效果就会大打折扣。

② 目的性。软文虽然和直接进行宣传的广告不同，但是最主要的目的还是宣传直播，因此需要在文末引导用户观看直播，以达到宣传目的。

3. 短视频引流

视频和文章就像电视节目和报纸上的报道，由于视频比文章更容易理解，降低了受众的认知门槛，因此越来越多的企业开始用视频进行宣传推广。包括用户在内的网民普遍生活节奏较快，通常没有一个小时以上的完整浏览时间，所以短视频尤其受用户欢迎。在新浪微博、今日头条等平台，优秀的短视频可以达到上百万甚至千万级的曝光效果。

4. 预热引流

直播平台通常有“推送”“提醒”或“发布”功能，直播开始时，可以将直播消息直接推送给关注直播的用户。在直播开始之前，企业可以在同一直播平台进行预热，一方面鼓励受众关注直播，积累原始用户；另一方面调试软件与硬件，争取在直播正式开始前达到最佳状态。

案例

2017 年 6 月 16 日，京东邀请大提琴演奏者、华语影视女演员欧阳娜娜做客京东直播。预热宣传从 6 月 15 日开始，在京东首页展示宣传海报，用户点击海报，可直接跳转进入京东 App 直播预热页面。用户进入京东 App 直播预热页面后，点击“设置提醒”按钮，即可在直播开始前收到京东推送的直播提醒消息。

5. 问答引流

传统的问答网站包括百度知道、知乎等，用户可以在问答网站获得想知道的答案；企业也可以借助问答网站，友好地回答网友的问题，同时为企业做宣传。除了以上问答网站外，头条问答、果壳问答等也都可以作为企业宣传与引流的渠道。例如，推广手机新品的直播，在开始前可以在问答网站回复一些类似于“请推荐一款好用的手机”“哪款手机屏幕比较大”等相关问题，在回复的同时宣传将要进行的直播，引导用户届时观看直播。

6. 线下引流

虽然直播营销属于新媒体营销的一部分，但传统渠道的引流效果也不容小视。如果企业有线下的渠道，如产品体验店、营业厅、线下门店等，可以借助这些渠道，以海报、宣传单等形式宣传直播内容，引导线下用户关注直播。

2.3.3 直播硬件筹备

直播的硬件筹备分为场地筹备、道具筹备、设备筹备。

1. 场地筹备

直播场地可以分为室内场地和室外场地。室内场地主要有办公室、住宅、发布会现场等，而室外场地则是指一些户外露天场地，很多户外主播会根据直播需要选择户外场地。筹备直播场地时需要注意以下几点。

① 层高：如果是室内场地，层高可控的话，应尽量控制在 2.3～2.5 米，场地大小控制在 20～40 平方米。层高过高，场地过大，会导致环境光发散，麦克风不易收音。

② 环境光：一般情况下，直播时主播的位置一直在移动，所以筒灯照明虽然能聚光，但是不如平板灯照明效果好。

③ 背景：背景要根据场地和产品本身的性质设计，陈列的东西不要过多，要整洁有序。

2. 道具筹备

直播道具包括要展示的产品、与要展示的产品相关的周边产品和宣传物料。

要展示的产品是直播当天需要讲解主推的产品；周边产品是与要展示的产品有联系的产品，如系列产品等，可以把它们作为副推，在直播中提起；宣传物料则是指与产品配套的玩偶、相关的海报、宣传单页等。

案例

2017年6月11日，京东邀请姜思达做客京东3C情报局，为nubia Z17手机京东首发开售做一场主题为“千人奇袭姜思达——nubia Z17的爱情发问”直播。直播前的预热宣传、直播活动现场道具中均有产品植入，包括在预热直播宣传海报中植入产品信息，在场地中植入品牌Logo(徽标或商标)，手举牌植入品牌Logo等。

3. 设备筹备

直播设备分为手机端设备和计算机端设备。

(1) 手机端

手机端需要准备手机、支架、补光灯，如果前期只想试验一下，不准备投入过多的成本，建议用手机端直播。

首先准备一部用于直播的手机，像销售家居产品、农副产品，由于直播时主播会走来走去，就要配备一个手持稳定器，这样才能让用户的观看体验更好，光线不足的话，可以加一个补光灯。

手机端直播除硬件设备外，还要注意网络信号问题，网络信号一定要稳定，防止画面卡顿。

(2) 计算机端

计算机端需要准备计算机、摄像头、补光灯、网络、计算机端淘宝直播软件。

建议选择中央处理器为i5及以上的计算机，最好选择中央处理器为i7的计算机，还要求计算机配备独立显卡、固态硬盘。

对于摄像头，淘宝直播多用的是罗技摄像头，罗技摄像头的型号有很多种，不同型号价格不一样，价格越贵的，像素越高，色彩饱和度越好，画面越清晰和漂亮，对于计算机配置的要求也越高。

补光灯分为常亮摄影灯和环形补光灯。

如果直播场地不够亮的话，用常亮摄影灯可以把环境光打均匀，20～40平方米的直播场地有1～2盏这样的摄影灯就够了，每盏灯的价格为100～600元。

环形补光灯就是俗称的美颜灯，美颜灯也是室内直播场地比较常用的灯，这种灯通常用于近距离补光或者局部补光，附带手机支架功能，每盏灯的价格为300～

800 元。美颜灯有大小型号区分，大一点的为 70～90 厘米，应根据自己的需求选择。

网络以 100M 以上的有线网络为佳，还要下载一个计算机端的淘宝直播软件，用来调节直播场地的画面和清晰程度等。

总体来说，进行网络直播要有一个最基本的标准：直播场地的光线要明亮、环境要整洁，道具要齐全，设备要稳定，所得到的图像要清晰，只有给受众一个良好的观看体验才能达到更高的直播转化效果。

2.3.4 直播有关设计

1. 直播封面设计

直播封面是受众进入直播前了解直播内容的窗口，如果直播活动与直播平台方有推广合作时，直播开始前就可以让直播封面出现在直播平台显眼的位置，为直播活动做预热，拉升直播活动关注度。

直播封面中的信息包括直播主题、直播时间、直播产品名、主播名称等，可以根据直播平台规则及活动需求进行设计，以达到让受众准确抓住直播核心信息的目的。

2. 直播第一幕画面设计

直播第一幕画面非常重要，要保持直播封面与直播第一幕画面的相关性，防止受众看到封面进入直播后发现内容与封面无关而产生心理落差，不专业的直播在开始的几分钟经常显示与内容无关或不和谐的杂乱场面，对于观看回放的受众来说，如果发现缺少有吸引力的直播镜头，往往会直接离开直播。

为了保持直播封面与直播第一幕画面的相关性，要注意以下两点：主播妆容与穿衣风格保持一致，封面图的色调与直播场地的装修色调保持一致。

2.3.5 直播软件测试

直播软件的测试主要由两部分组成。

① 从主办方角度出发，主办方要熟悉直播开始按钮、镜头切换方法、声音调整方法等基本操作。

② 从受众角度出发，直播团队可以用个人身份注册直播账号，进入直播观看，从普通受众的角度观察直播界面，发现问题要及时处理。

从受众的角度进行测试比较简单，进入直播场地后，如果看画面、听声音、发弹幕，都没有问题，就可以结束。而从主办方角度出发，因为涉及相关操作，因此需要反复进行测试，直到熟练为止，以防出现突发状况。

2.3.6 实训作业

就直播前期准备工作进行总结，对本节所介绍的五个部分进行具体描述。

2.4 直播的实施与执行

直播的实施和执行分为直播开场、直播过程和直播收尾三部分。

直播开场时，应让受众获取感知，将受众迅速带入直播场景；直播过程中，要使受众保持对直播的兴趣，产生沉浸的感觉；直播收尾时，应促成销售，并且引发受众产生留恋的感觉，使他们期待下一场直播。

直播实施执行流程如图 2-4 所示。

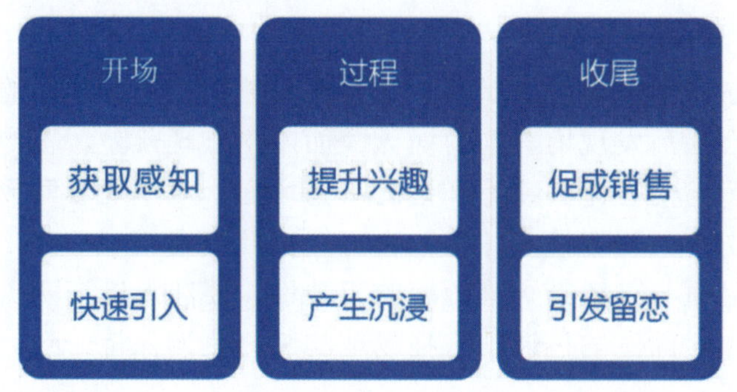

图 2-4

2.4.1 直播的开场

直播开场要渗透营销目的，具体包括引发受众兴趣，把受众带入直播场景，促进受众推荐这些要素。首先，在直播开始前需要平台官方资源的支持，进行直播预热，在开场时渗透本次直播的营销目的，通过有趣的产品介绍引发受众兴趣，将他们带入直播场景，可以通过抽奖活动，促进受众推荐，提高产品知名度。

直播的开场有以下几种方式。

① 直白介绍：在直播开场时，直接告诉受众与直播相关的信息，包括主播的自我介绍、主办公司的简介、直播产品的介绍、直播大约时长、本次直播流程等。一

些吸引人的环节(如抽奖、彩蛋、发红包等)也可以在开场中介绍，促使受众继续观看直播。

② 提出问题：开场提出问题是在一开始就制造参与感的好方法。一方面，开场提问可以引导受众思考与直播内容相关的问题；另一方面，开场提问还可以让主播更快地了解受众的基本情况，如受众所在的地区、爱好、对于本次直播的期待等，便于在后续直播中随机应变。

③ 抛出数据：数据是最有说服力的，直播主持人可以提前将本次直播要素中的关键数据提炼出来，在开场时直接展示给受众，用数据说话。特别是专业性较强的直播活动，可以充分利用数据开场，第一时间令受众信服。

④ 故事开场：一般人都爱听故事，直播间的受众也不例外。相对于比较枯燥的介绍、分析，听故事更容易让不同年龄段、不同知识层次的受众产生兴趣。通过一个开场故事，带着受众进入直播所需场景，也能更好地开展接下来的环节。

⑤ 道具开场：主持人可以根据直播的主题和内容，借助道具开场，更快地把受众带入直播场景。开场道具包括企业产品、团队吉祥物、热门卡通人物、旗帜与标语等。

⑥ 借助热点：上网的人，尤其是参与直播的受众，普遍对于互联网上的热门事件和热门词汇有所了解。直播开场时，主播可以借助热点拉近与受众之间的心理距离。

案例

2016年7月8日“保险公众宣传日”到来之际，平安车险旗下的“平安好车主”App联合虎嗅传媒，以直播形式发布最新品牌战略。直播活动以车主日常用车为主要场景，融合“平安好车主”App特色功能及活动介绍，引来了超过20万受众观看。

开场前，中国平安发出微博，为活动造势，同时为直播引来第一批受众；直播刚开场，主持人就宣布发出1000元红包，鼓励受众分享直播间网址，邀请身边的朋友观看直播，并参与抢红包活动；由于本场直播与车相关，主持人在开场时与嘉宾充分互动，引导嘉宾对“加油太烧钱”“开车成本高”“上下班开车为钱烦心”等话题进行交流，并简单介绍了“平安好车主”App的部分功能。

这场简单的直播就应用了上面所说的几种直播开场方式。

2.4.2 直播过程中的互动

直播过程中的互动，主要由发起和奖励两个要素组成。其中，发起决定了互动的参与形式与玩法，奖励则直接影响互动的效果。

直播互动轴如图 2-5 所示，它清楚地展示了直播互动的四大类方法，其中双向的横轴为发起轴，双向的纵轴为奖励轴，用发起轴与奖励轴把互动分隔成四个象限。

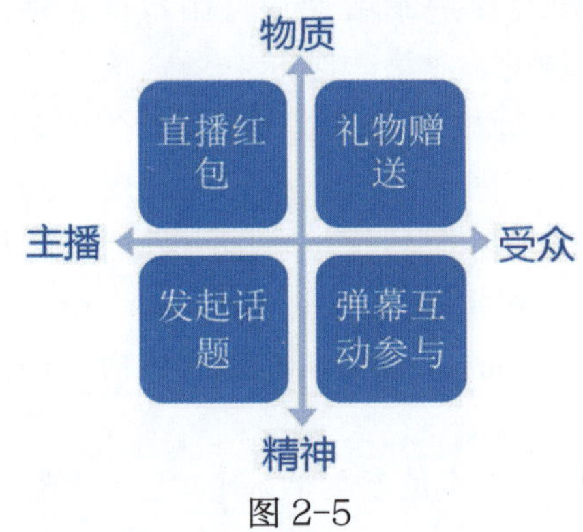

图 2-5

直播过程中互动的具体方式如下。

1. 弹幕互动

以字幕弹出形式显示的弹幕评论在屏幕上飘过时，所有观看直播的受众都可以看到。传统的弹幕主要出现在游戏直播、户外直播中，目前已经有直播平台与电视直播、体育比赛、文艺演出等合作，在直播时通过弹幕和观看直播的受众互动。

2. 参与剧情

这类互动多见于户外直播。主播可以征求受众意见，邀请受众一起参与策划直播下一步的进展方式，增强受众的参与感。

邀请受众参与直播，一方面可以使受众充分发挥创意，令直播更有趣；另一方面可以让建议被采纳的受众获得足够的满足感。

3. 直播红包

直播时，受众可以向主播或主办方赠送“跑车”“游艇”“玫瑰”等虚拟礼物，表示认可与喜爱，但此类赠送只是单向互动，其余受众无法参与。

现在越来越多的主播利用第三方平台发放红包或发放等价礼品来聚集人气，与更多的受众进行多向互动。

2.4.3 直播的收尾

1. 销售转化

把流量从直播引导至销售平台，从收尾表现上看，就是引导受众进入官方网址或网店，促进购买与转化。

通常观看直播到结束的受众，对直播都比较感兴趣，对于这部分受众，主播可以充当售前顾问的角色，在结尾时引导他们购买产品。

需要注意的是，销售转化要有利他性。受众需要的是能够帮他们省钱或得到他们平时抢不到的、供不应求的产品；否则，在直播结尾频繁植入太生硬的广告，只会引来受众反感的弹幕评论和不喜欢。

2. 引导关注

把流量从直播引导至自媒体平台，从收尾表现上看即引导受众关注企业官方自媒体账号。

在直播结束时，主播可以将官方自媒体账号及关注方式告诉受众，以便直播后继续向本次观看直播的受众传达企业或个人的信息。

3. 邀请报名

把流量引导至粉丝群，从收尾表现上看即告知加入粉丝群的方式，邀请报名。在同一场直播中积极互动的受众，通常比其他受众更容易与主播熟悉起来，也更容易观看后续的直播。对这类受众，可以在直播收尾时邀请入群，结束后通过运营该群，逐渐将观看直播的受众转化成忠实粉丝。

2.4.4 直播中主播的注意事项

1. 反复强调营销重点

观看一场晚会或一次球赛的现场观众，在晚会或球赛开始前就已落座，重点部分在开场点明即可。但网络直播随时会不断有新的受众进入，所以在直播过程中，主播需要反复强调营销重点。直播中的营销重点如表 2-4 所示。

表 2-4 直播中的营销重点

类 别	营 销 重 点
介绍	介绍主播、主办单位、现场嘉宾、产品等
关注	引导关注直播间、微信公众号、微博等
销售	现场销售特价产品、受众专属产品等，说明近期促销政策
品牌	邀请点赞、邀请转发、邀请点评等

2. 减少自娱自乐、增加互动

直播不是单向沟通，受众会把自己的感受通过弹幕发出来，且希望主播回应。一个只顾自己侃侃而谈，不与受众及时互动的主播，通常不会受欢迎。

刚担当主播的新人，往往会过于拘泥于事先规划好的直播安排，担心直播没按照既定流程推进，从而生硬地结束一个话题，进入新的话题。实际上，几乎没有百分之百按照规划完成的直播活动，任何直播都需要在既定规划的基础上随机应变。

3. 注意节奏，防止被打扰

直播进行中，受众发弹幕是不可控的，部分受众对主播的指责、批评无法避免。如果主播过于关注负面评价，就会影响整体的直播状态。

在直播进行中，主播需要有选择地与受众互动：对于表扬或点赞，主播可以积极回应；对于善意的建议，主播可以酌情采纳；对于正面的批评，主播可以幽默化解或坦荡认错；对于恶意谩骂，主播可以不予理会，干扰严重的情况下可以对言辞激烈者进行禁言处理。

直播活动全场的掌控者是主播，因此主播必须注意节奏，避免被弹幕影响，特别要注意避免与部分受众现场争执而影响直播正常进行。

2.4.5 实训作业

根据本节所讲内容，在电动牙刷、黄桃罐头、游戏机这三种产品中任选一种，根据产品设计直播话术，包括开场话术、互动话术、收尾话术三个部分。

2.5 直播后期的宣传

直播后期的宣传也称为直播后期的传播和发酵，包括直播推广计划、直播视频剪辑与推广、直播软文撰写、直播视频表情包制作、直播粉丝的维护。

2.5.1 直播推广计划

直播活动的推广计划包括确定目标、选择形式、组合媒体三个部分。

首先需要确定目标，可以按照之前介绍的 SMART 原则来制定目标；其次需要根据目标选择合适的形式，形式主要有视频、软文、表情包等；最后通过所选择的形式进行不同媒体的组合，这里所说的媒体主要包括自媒体、视频平台、论坛、社群等。不同传播形式下的媒体组合如表 2-5 所示。

表 2-5　不同传播形式下的媒体组合

推广形式	媒体组合	媒体示例
视频	自媒体+视频平台	官方微博、微信公众号、优酷网、土豆网等
软文	自媒体+论坛	虎嗅网、36 氪、知乎、百度贴吧等
表情包	自媒体+社群	官方微博、微信公众号、微信群、QQ 群等

2.5.2 直播视频剪辑与推广

直播视频剪辑与推广包括确定思路、制作视频、上传视频、推广视频四个步骤。

① 确定思路：一般直播都会全程录制。这里所说的思路指的是，可以回放直播的全过程；也可以截取直播中的一些片段，回放直播中的亮点。

② 制作视频：如果要截取片段，可以利用爱剪辑、剪映、快手、美拍等短视频制作工具为截取的片段增加文字特效、趣味性的图片等，提高视频的质量。

③ 上传视频：可以上传到优酷网、爱奇艺、土豆网、搜狐视频、腾讯视频、乐视视频、凤凰视频、新浪视频、哔哩哔哩等视频平台上。

通常视频平台对上传视频的格式、大小、时长都有一定的要求，详情可以查阅主流视频网站的基本限制规则，几个主流视频网站的基本限制规则如表 2-6 所示。

表 2-6　几个主流视频网站的基本限制规则

网站名称	格 式 要 求	大小限制	时长限制
优酷网、土豆网	wmv、avi、dat、rm、rmvb、3gp 等	≤15G	≥15 秒
爱奇艺	avi、f4v、wmv、asf、rmvb、mpeg 等	≤10G	≥3 秒
搜狐视频	asf、rm、rmvb、mpg、mpeg、mod 等	≤2G	≥3 秒
腾讯视频	mp4、flv、f4v、m4v、mov、3gp 等	≤4G	≥1 秒

④ 推广视频：主要有视频网站推荐、主动搜索、自媒体平台推送三种途径。

2.5.3 直播软文撰写

针对不同的对象，直播软文的内容可分别为行业信息、观点提炼、主播经历、受众体验及运营心得等。

1. 行业信息

行业信息类软文，常见于严肃主题(新闻发布会、媒体推介会等)直播后的推广，主要面向关注行业动态的人群。通过行业信息，将直播活动以“本行业最新事件”“业内大事”等形式发布于互联网媒体平台，吸引业内人士关注。

2. 观点提炼

观点提炼类软文，需要提炼直播核心观点并撰写成文。互联网上的信息铺天盖地，而网民时间有限，更希望直接看到最核心的内容，因此观点提炼类软文是较受网民欢迎的软文。可以提炼的核心观点包括企业产品理念、产品资料、创始人新思想、团队新动作等。

3. 主播经历

主播经历类软文不是从企业角度出发，而是以主播第一人称出发写的、对直播进行回顾的日记式文章。与一般性的介绍企业的文章相比，主播撰写的文章更容易拉近与网民的距离，在主播撰写的文章中植入企业、产品的核心信息，可以更有效地将核心内容传递给网民。

4. 受众体验

受众体验类软文完全以第三方的语气讲述一场直播，由于和主办方、主播都没有关系，因此这类软文的撰写更随意、更博人眼球。

案 例

2016 年 5 月 10 日，在小米 Max 发布会上，小米手机创始人雷军说：“尽管每家手机公司都会在内部做测试，但体验的感觉好不好，还得由用户自己做判断、下结论。”在当天下午 16:00 开始，合作方 B 站启动一项名为“我们也不知道这场直播什么时候结束——小米 Max 超耐久体验”的直播，直播每天吸引 200 万受众观看，一周多时间累积 1000 万受众，在日常流量较高的时段，同时在线人数通常都在 10 万以上，在深夜一两点，竟然还有 1 万多人在线。作为直播受众中的一员，自媒体人金错刀发布了名为“有的只是无聊，而且是史上最无聊的直播”的文章对直播进行了描述与思考。这篇文章在展示作者思路与想法的同时，也吸引读者去搜索这场“无聊的直播”，无形之中增加了品牌的曝光度。

5. 运营心得

运营心得类软文从组织者的角度描述一场直播幕后的故事，主要面向直播从业人员及相关企业策划人员。此类软文可以从“我是如何策划一次直播的”“一场万人参与的直播筹备五部曲”等角度描述直播运营的心得，这类软文可以在知乎网、直播交流论坛、策划交流网站等平台发布。

案 例

2016年七夕夜，咪咕阅读联合映客直播平台推出了咪咕阅读史上第一期直播节目，主播为23岁的人气嫩模诺敏高娃。直播还邀请了国内二次元(早期的数字动画、漫画、游戏作品的画面都由平面上的二维图像组成，通过这些载体创造的虚拟世界被动漫爱好者称为二次元世界，简称为二次元)领域的前沿人物作为嘉宾。直播结束后，根据平台数据显示，此次直播累计吸引了100多万受众关注。

在直播后，本次直播的策划者从操盘者的角度出发，围绕直播策划中的关键词“七夕、直播、阅读、网络红人”描述了直播活动的运营方法，通过活动背景、平台选择、主播邀约、高效执行等细节，展示了直播幕后的故事。

2.5.4 直播视频表情包制作

直播视频表情包(表情包指的是一种利用图片来表示感情的方式)制作的四个步骤如下。

1. 发现表情

① 经典同步型：互联网上已经有广为流传的表情，如微信表情、新浪微博表情等，直播中与经典表情同步的表情，可以作为表情包素材。

② 夸张表情型：截取直播间主播做出夸张搞笑表情时的图片作为表情包素材。

2. 截取表情

① 截取静态表情图片：将视频暂停，用QQ截图、微信截图、360浏览器截图等截图工具截取相应的表情。

② 截取动态表情图：通过QQ影音打开视频，点击右下角的“扳手”图标，点选“动画”功能，在弹出的GIF制作界面中，通过滑动灰色线上的调节杆，选择要截取视频的起点与终点，把截取得到的视频片段保存下来。

3. 添加文字

① 对于静态表情图片，可以用 Photoshop 软件打开图片，新增图层并添加文字。

② 动态表情图在 Photoshop 中以图层形式出现，每一帧即一个图层，点击右下角“创建新图层”按钮，选中新建的图层，并添加文字。

③ 企业名称、品牌名称等可以用水印的形式，添加在图片一角。

4. 使用表情

① 企业自媒体：使用企业官方微博、微信公众号平台给内容配图时，可以应用自家表情包进行推广。

② 官方群组：粉丝群、试吃团、读者群组等，可以由管理员带动，在聊天中应用表情包。

③ 表情开发平台：原创表情可以尝试提交到微信、QQ 表情开放平台，引导陌生网友查看与使用表情。

2.5.5 直播粉丝的维护

对于通过直播加入的粉丝，在直播结束后，可以通过策划线上活动、分享最新信息、邀请参与直播、发起线下活动四种方式维护。可以根据粉丝的热衷程度逐层递进地使用这四种方式。

1. 策划线上活动

2017 年 3 月，天津勾勾科技有限公司总经理勾俊伟在脉脉直播进行了关于《8 小时之外如何利用互联网赚钱》的职场分享直播。直播结束后，对此话题感兴趣的粉丝聚集在微信群中继续讨论。为了持续提升群内粉丝参与感，群主每月定期组织群内活动。2017 年端午节，群主发起了“粽子接力”的活动。

第一步：群主发起关于“端午节吃什么样的粽子”的讨论。

第二步：在讨论火热进行的时候，群主顺势发起粽子接力，参与接力的群内成员进行互送粽子的自由报名。

第三步：实时汇总报名消息并马上开始行动。

3 天内，参与活动的粉丝便陆续收到群友寄来的粽子，他们在群内自发晒单与表示感谢。通过这样一个简单的活动，既达到了粉丝相互之间增加熟悉度的目的，又使整个群中的成员拥有了归属感。通过这个活动，群友虽然没有见面，依然可以利用线上活动相互逐步熟悉。

2. 分享最新信息

企业直播粉丝群需要营造的氛围主要是“好玩”“有意思”，与此同时，运营者也需要将和企业相关的信息友好地在群内分享。

企业对外发布的广告、购买提示等，尽量不要直接发到群里，否则会把粉丝群逐渐演变为广告群，群成员的参与度将逐渐降低。对群外网友无法第一时间获取的最新信息，可以定期在群内分享，促进群成员好感。可分享的信息包括专属折扣链接、爆款产品提前购、企业红包口令、新品内购网址、买即赠暗号等。

3. 邀请参与直播

不同直播环节可邀请粉丝参与的直播项目如表 2-7 所示。

表 2-7　可邀请粉丝参与的直播项目

直播环节	粉丝可参与的项目
直播筹备	探讨选题、选取场地、策划文案、设计图片、票选主持人等
直播过程	直播中互动、线下助威等
后期宣传	微博转发、朋友圈分享、论坛传播、视频网站推广等

4. 发起线下活动

面对面的交流容易产生更多思想的火花，俗话说“一回生，二回熟”，好的企业活动运营也不能只拘泥于线上，可以适时发起线下活动，促进粉丝交流。常在同群交流的粉丝可以进行线下聚会，聚会的同时，企业新媒体运营团队可以借机邀请粉丝试用新品，听取反馈建议，回馈粉丝，增加粉丝归属感与参与感。

2.5.6　实训作业

观看一场感兴趣的直播，根据本节所讲的内容，撰写一篇受众体验类的直播推广软文，并发布在图文平台进行宣传。

2.6　直播营销的总结

2.6.1　直播营销总结核心思路

关于直播营销总结核心思路的思维导图如图 2-6 所示。

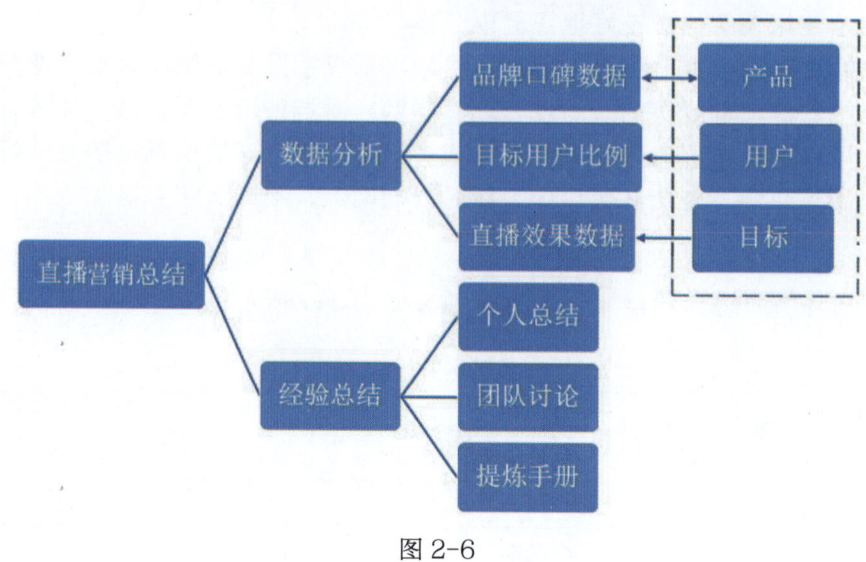

图 2-6

1. 数据分析

主要根据以下几个方面进行数据分析。

① 分析产品品牌口碑数据。

② 分析目标用户比例。

③ 分析直播目标效果数据。

2. 经验总结

数据分析的结果只能体现直播的客观效果，而流程设置、团队协作、主播的台词等主观层面的东西无法用数据获取，需要企业新媒体运营团队通过个人总结、团队讨论的方式进行总结，并记录总结的结果，整理提炼成经验手册，便于后续直播营销时参考。

2.6.2 直播品牌口碑数据分析途径

1. 百度指数

百度指数是以百度海量用户行为数据为基础的数据分享平台，借助百度指数可以研究关键词搜索趋势，洞察用户兴趣和需求，监测舆情动向。

百度指数主要体现的是用户的搜索数据，在针对某款产品的直播活动结束后，如果相关的百度指数曲线出现大幅上涨，说明本次直播活动对产品的宣传是有效的。

2. 新浪微指数

新浪微指数是基于微博用户行为数据，采用科学计算方法统计得出的反映不同事件领域发展状况的指数。

百度指数展示的是用户对于某事件或某品牌的搜索热度，而新浪微指数展示了用户对于某事件或某品牌的讨论热度。

3. 微信指数

微信指数需要在微信手机客户端查询。在微信最上方的搜索框中输入“微信指数”并点击“搜索”按钮，在打开的搜索结果页面中点击“微信指数”，即可进入微信指数首页。在这个页面中搜索企业名称、创始人姓名、产品名称等，就可以查询相关指数情况。

通过微信指数提供的关键词的热度变化情况，可以间接获取用户日常消费、娱乐、出行等的兴趣点及变化情况，从而对企业的精准营销和投放形成决策依据，也能对品牌投放效果形成有效监测、跟踪和反馈。

4. 头条热度指数

头条热度指数根据今日头条热度指数模型，将用户的阅读、分享、评论等行为的数量加权求和，得出相应的事件、文章或关键词的热度值，以小时或天为时间单位，绘制热度值趋势图，展示热度值随时间变化的情况。

5. 大众点评

对于线下服务行业(如饭店、美发店、酒店、电影院等)的品牌口碑情况，可以借助大众点评的星级数据进行分析，企业新媒体运营团队可以统计直播前后的大众点评星级分值，计算直播效果。

需要强调的是，如果企业计划通过直播提升大众点评的口碑星级，那么就需要在直播过程中设计台词，引导受众前往对应的大众点评店铺，进行评价。

6. 问答

一场有效的直播在结束后，通常会继续吸引对产品感兴趣的网民在互联网中进行讨论。尤其是科技类新产品发布会结束后，网民会在百度知道、知乎、头条问答等平台提问，了解关于产品的更多信息。因此，企业新媒体运营团队需要在问答类网站进行搜索，统计发布会后网民的提问数量及回答质量。

2.6.3 直播目标用户比例分析

1. 自媒体互动数据分析

微博、微信等自媒体平台，在粉丝关注后可以直接推送一条自动回复的欢迎词。直播开始之前可以提前在“被添加自动回复”功能处设置关键词，友好地引导粉丝回复。

在直播结束 24 小时内统计后台回复的数据后，企业新媒体运营团队就可以分析并得出更有效果的直播平台及更精准的推广渠道。

2. 页面浏览数据分析

页面浏览数据可以在网站或网店后台通过“流量分析”功能获得。

在进行页面浏览数据分析时，主要关注“访问时长”数据，访问时长大于 5 秒的用户数据属于有效数据，访问时长小于 5 秒的用户通常对所直播的产品或品牌不感兴趣。某一时间段内所有访问时长大于 5 秒的访客数量除以访问总数所得的结果可以反映精准用户的大致比例。

3. 问卷抽查数据分析

分析目标用户的第三种方法是借助问卷工具抽查，这种方法适用于直播结束后建立粉丝社群的企业。

企业新媒体运营团队可以在问卷网、金数据、麦客网等网站设计问卷，对粉丝的来源渠道、最感兴趣的直播环节等进行调研。随后将问卷发在粉丝群中，邀请粉丝填写问卷。为了提升粉丝填写热情，增强问卷调研的有效性，企业新媒体运营团队可以利用红包、积分或礼物等，鼓励更多的粉丝参与。

2.6.4 直播效果的数据分析

直播效果的数据主要根据销售数量、咨询数量、关注下载安装注册数量这三个方面来分析。

2.6.5 直播经验总结

可以从以下两个方面总结直播经验。

1. 直播管理五大因素

① 人：企业新媒体运营团队需要对直播过程中涉及的人的因素进行总结，尤其是在团队协作过程中，不同性格的团队成员有不同的做事风格。作为一支完整的团队，需要充分发挥各成员的优势，尽量避免各成员的劣势，通过团队沟通，尽量减少人为失误。总结过程中，除了需要对企业新媒体运营团队成员的行为进行总结外，对于主播、嘉宾等的行为也需要进行总结。

② 机：企业新媒体运营团队需要对直播硬件设施进行总结，对场地的布置、直播设备、道具的设置等进行讨论与总结。

③ 料：直播活动不涉及原材料或半成品加工，此处的“料”主要指直播台词、

直播环节设置、直播互动玩法、直播开场与收尾方法等提前设计好的内容。这些内容在直播前已经设计好，直播后需要总结这些设计好的内容是否有效地得到发挥，有没有未考虑到的环节而导致的现场混乱等。

④ 法：企业新媒体运营团队需要对直播前的策划筹备、项目操盘规划表、项目跟进规划表等进行总结，尤其是重新评估项目操盘规划表是否具有实际指导价值，项目跟进规划表是否有效地引导团队成员进行了相关的运作等。

⑤ 环：企业新媒体运营团队需要对直播环境进行总结。主要是针对现场声音清晰度、灯光亮度、播放的流畅度等进行回顾与讨论。除此之外，还需要重新对直播平台进行环境评估，尤其要对直播现场画面在网页及移动端的适配程度进行评估。

2. 直播后的整理归类

① 经验：如果直播整体或直播过程中的某个环节达到甚至超过预期效果，可以作为经验记录下来，便于以后直播时参考。

② 教训：对于直播中未达到目标甚至影响最终效果的部分，要总结教训，使以后的直播避免出现类似的情况。

③ 问题：对于直播过程中遇到的新问题和在策划中没有考虑到的问题，都需要记下来，以后的直播策划中，必须考虑并解决这些问题。

④ 方法：遇到问题后的解决方法，也需要记录下来。此类方法尤其对加入企业新媒体运营团队的新人有指导意义。

2.6.6 实训作业

观看一场感兴趣的直播，根据本节所学习的数据分析和经验总结方法，为其撰写一篇直播总结。

2.7 直播营销经典案例 1

京东生鲜事业部于 2016 年成立，和京东传统的 3C、家电事业部相比，生鲜事业部知名度较低，2016 年的“618”作为京东生鲜事业部的首次亮相有重要的意义，一方面，“618”作为一次购物狂欢节，肩负着销量压力；另一方面，京东生鲜的品牌知名度亟待打响。因此京东希望通过直播活动达成品牌和销售的双赢，同时结合热点引爆网络时尚美食圈。

2.7.1 直播营销背景、目标、策略与创意

1. 营销背景

电商自造节日进行网络大促销已经成为常态，在此常态中想脱颖而出变得十分困难。通过京东生鲜的用户大数据以及生鲜电商行业报告不难发现，生鲜电商的目标受众大多是集中在一线城市的年轻白领，这些人讲究生活品质，在社交网络上较活跃。同时，经调研发现，对于美食类产品，用视频直播手段能对消费者进行动态拟真感官刺激，激活消费者的购买欲望。

2. 营销目标

传递京东生鲜“低价购美味”的“618”促销主题，拉动“618”期间京东生鲜销量，同时全方位提升京东生鲜的品牌知名度和美誉度。

3. 策略与创意

借助直播体验引爆时尚美食圈，进而吸引消费者眼球并刺激消费者购买。

2.7.2 直播执行过程

本次直播活动的执行过程分为三个阶段，分别为第一阶段(前期)、第二阶段(中期)和第三阶段(后期)。每个阶段有不同的营销重点。

1. 第一阶段

第一阶段是直播前期筹备阶段，聚焦京东生鲜“618”大促销并吸引消费者参与。

2. 第二阶段

第二阶段是直播中期执行阶段，在这一阶段与斗鱼直播深度合作，试水“网络红人”营销并联合造势。本阶段的重点是炒热大促销话题，执行过程分为宣传造势、直播传播两大模块。

(1) 宣传造势

结合京东生鲜“618”“低价购美味”主题，以“美味三重奏”“美味不平等”系列海报阐释京东生鲜“618”促销利益点，通过微博、微信，以美食及品质生活圈为主传播扩散，持续为京东生鲜引流。

其中，“美味三重奏”系列海报从数字三出发，结合三个火枪手、锵锵三人行及桃园三结义的故事制作创意海报，配合文案直观体现“‘618’任选三件”的利益点。

而“美味不平等”系列海报从生鲜视角出发，宣传因为不平等才有的“美食大暴动”口号，借助GIF形式的形象，传递“第二件半价”的利益点，直击消费者关注点。

微博话题“京东生鲜‘618’”的阅读人次达6000万，微博转评点赞合计2144次，《7旬老太的神秘日记未解之谜》等若干微信稿件的阅读人次达1142，第三方大号的阅读人次达89033。

（2）直播传播

本次直播活动的整体传播环节如图2-7所示。

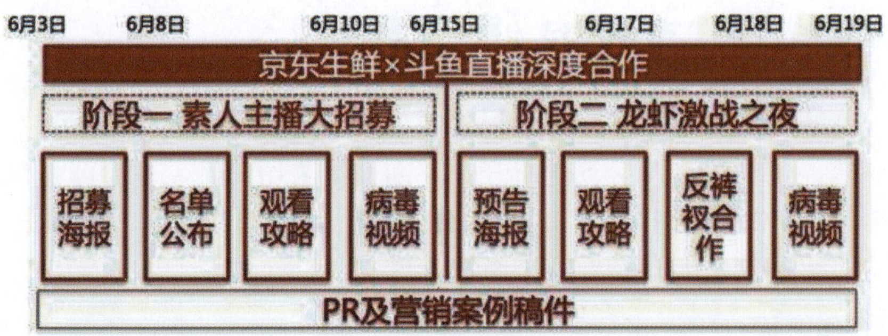

图2-7

① 素人主播大招募。招募50位素人，利用京东生鲜提供的波士顿鲜活大龙虾制作龙虾大餐，分时段全程直播，展现京东生鲜大龙虾的高品质特点，全方位、精准化释放京东生鲜“618”“满399送大龙虾”等促销信息。

② 龙虾激战之夜，承接预热阶段素人直播内容，策划五大红人在京城五大坐标，30分钟内利用周围环境及京东生鲜提供的波士顿鲜活大龙虾制作龙虾大餐的线下挑战赛，全程植入京东生鲜大龙虾创意桌牌并花式口播促销利益点，将活动引向高潮。

京东生鲜官方微博发布剪辑病毒视频，视频上传优酷网后，登上了优酷网原创首页的“锐广告”推荐位。

3. 第三阶段

第三阶段是直播后期阶段，重点是申述亮点信息，以战报为亮点完美收官，提升热度。

京东生鲜在整个“618”大促销期间成绩斐然，通过中央电视台财经频道“聚焦‘618’电商大战”专题报道和京东CEO的直接参与，京东生鲜在中央电视台财经频道节目中多次展示战报长图、战报新闻稿等，持续产生影响。同时，官方新闻稿、综述稿以及意见领袖(指在人际传播网络中经常为他人提供信息，同时对他人施加影响的“活跃分子”，他们在大众传播效果的形成过程中起重要的中介或过滤的作用，由他们将信息扩散给受众)评论稿也对京东生鲜“618”期间亮点事件进行提炼与曝光。

6月18日，中央电视台财经频道特别策划“聚焦‘618’电商大战”专题报道，关于京东生鲜话题的新闻分别在中央电视台财经评论、经济信息联播、第一时间节目里播出，共播出5次。

6月19日，京东发表了“618”的“成绩单”，通过可视化信息图表，以直观生动的形式呈现“618”的销售数据。京东生鲜事业部是京东各事业部中首个发表6月1日—6月18日整体数据的事业部，新闻稿发布总计超100篇，电商行业、互联网“扒皮王”“柳华芳”等意见领袖对“成绩单”进行深度解析，阅读人次近10万。

2.7.3 直播营销效果与市场反馈

本次活动借助“电商＋直播”这一全新模式试水“网络红人”经济，通过免费送鲜活大龙虾等促销利益点，引领电商升级，助力销售增长，京东生鲜自营订单量增长了500%，移动端占比高达88%，京东生鲜自营销量增长了近1000%。

本次活动的传播效果同样显著，主要包括以下三方面。

1. 跨界合作方面

与斗鱼直播深度合作进行“社会化渠道＋公关渠道＋广告渠道”的整合营销，通过官方网站及移动端首页横幅推荐位，为京东生鲜单日流量环比均值贡献高达95%的增长；其中仅单个主播峰值就达20万；观看直播视频的人次累计超过626万；微博话题“‘618’龙虾免费吃”阅读人次接近1亿。

2. 社会化传播方面

基于“‘618’任选三件”“第二件半价”利益点，炒热微博话题，“京东生鲜‘618’”阅读量超过6000万人次；与中高端受众为主的微信大号“反裤衩阵地”“庞门正道”等产出优质内容，其中仅“反裤衩阵地”稿件阅读量就超过10万人次，总阅读量合计超过40万人次。剪辑传播最终获得微博转评点赞量近1500次。

3. 公关方面

媒体发布或转载的新闻稿件累计超过500篇，抢占近100家媒体的首页推荐位，实现了百度网页等诸多关键词搜索推荐位；中央电视台财经频道特别策划“聚焦‘618’电商大战”专题报道。

2.8 直播营销经典案例2

2.8.1 直播营销背景、目标、策略与创意

1. 营销背景

作为电商领域的新军，衣品天成通过签约吴磊、杨颖等明星为代言人的方式获

得了良好的销售业绩，但品牌知名度还需要继续提升。

由于各大服装品牌都在打“时尚”“款式”“价格”牌，常规的新品服装发布已难以吸引用户，因此衣品天成在 2016 年决定尝试以视频直播的形式举行发布会，在内容及互动上寻求突破。

2. 营销目标

提升衣品天成品牌知名度，同时为品牌秋季新品预热和引流卖货。

3. 策略与创意

本次发布会活动以热词“试衣间”为关键词，以视频直播为呈现形式，综合打造一场有影响力的传播事件，输出“我有风格，给你好看”的主题口号，为衣品天成品牌秋季上新品服装制造热度。

本次视频直播活动有以下两个创意亮点。

① 在线时间长：本次活动采用 24 小时试衣间直播的方式实现最长时间直播。

② 观看人数多：活动挑战“试衣间”的热门话题，借助广州“小蛮腰”地标和 50 多位模特的影响力提升观看热度。

2.8.2 直播执行过程

和以往新品发布会不同，本次发布会在广州“小蛮腰”地标进行 24 小时试衣间直播，邀请 50 多名模特现场进行直播与展示，每个模特的直播时间约两小时，并在一直播、花椒、淘宝直播、映客、美拍、繁星、KK 唱响七大平台同步进行。

在模特试衣并与受众交流搭配心得的同时，模特当时试穿的服装会主动推送到观看直播的消费者面前，拉近 T 台与受众之间的距离。在直播活动的线下场地，到场受众可以通过 30 台真人售卖机试穿模特穿的同款服装，部分时间还能以旧换新。

本次直播启用了聚划算口令红包的新技术，在直播过程中打开聚划算说出口令“……(五位明星名字)给你好看”，就可以获得价值最高可达 100 元的优惠券。

直播结束后，乐视视频、土豆网、腾讯视频三大视频网站及南方都市报、新快报等在第一时间进行了报道，为活动带来了二次传播的效果。

2.8.3 直播营销效果与市场反馈

超过 30 万人在线观看了本次超长直播，通过视频直播活动，服装销量超过 6 万件，同比增长近 30%，列同类电商品牌销量首位。

3 短视频策划、制作与运营

人类很长时间用写在纸上的文字传播信息，随着科学技术的发展，在线视频这种承载内容的载体得到广泛应用，网络的传输速度和能力不仅支持现场录制和播放视频，还支持更多的即时互动元素，再加上手机性能的不断提升和视频后期编辑软件如雨后春笋般出现，使得每个人几乎都可以成为编剧、导演和演员。

3.1 短视频的概念与分类

3.1.1 短视频的概念

短视频即短片视频，是指在各种新媒体平台上播放的、适合在移动状态和短时休闲状态下观看的、时间在几秒到几分钟不等的视频。内容包括技能分享、幽默搞怪、时尚潮流、社会热点、街头采访、公益教育、广告创意、商业营销等。由于播放时间较短，短视频可以单独成片，也可以成为系列节目。

随着移动终端的普及和网络的提速，短平快的短视频传播形式逐渐获得各大新媒体平台、粉丝和资本的青睐。

3.1.2 短视频的特点

短视频和微电影有相似之处，又和微电影不完全一样。

微电影是指在各种新媒体平台上播放的、适合在移动状态和短时休闲状态下观看的、有完整策划和系统制作体系支持的、具有完整故事情节的视频短片，微电影可以单独成篇，也可系列成剧，它具备电影的时间、地点、人物、主题和故事情节等所有要素。

短视频不像微电影那样有特定的表达形式和团队配置要求，它具有生产流程简单、制作门槛低、参与性强等特点，如图 3-1 所示，短视频比直播更具有传播价值。

图 3-1

超短的制作周期和趣味化的内容对短视频制作团队的策划功底有一定的挑战，优秀的短视频制作团队通常依托于成熟运营的自媒体或 IP（IP 是 Intellectual Property 的缩写，指知识产权，包括版权、商标权和专利权等。这里所说的 IP，主要指网红人物、网红产品、网红概念、网红作品的知识产权），除了较稳定地输出内容外，还有强大的粉丝渠道。短视频丰富了新媒体原生广告的形式，它有以下一些特点。

1. 互动性强

观看者可以对短视频点赞、评论，还可以给短视频制作者发私信，短视频制作者也可以对评论进行回复，这样可以加强短视频制作者和观看者之间的互动，通过短视频平台我们甚至能感觉看到了明星“朋友圈”的动态。

2. 短小精悍、内容有趣

短视频适合在移动状态和休闲状态下观看，如图 3-2 所示。

图 3-2

短视频时长较短，相对于文字和图片来说，更加生动形象，能将制作者希望传达的信息更真实、生动地传达给观看者，给观看者带来更好的视觉体验，因为播放时间短，短视频展示出来的内容往往都是精华，符合一般观看者碎片化浏览的习惯，降低观看者浏览的时间成本。

短视频有个核心理念——时间短，如果内容不精湛，不能在前 3 秒抓住观看者，后面就抓不住了。不过还是有些专业制作的短视频长达 1 分钟左右，效果也极佳。在制作短视频时要根据内容来衡量时长，尽量做到短小精悍、内容有趣，才能更好地吸引人们观看。

3. 搞笑娱乐性强

陈翔六点半、万万没想到等短视频节目团队制作的内容大多偏向创意类轻喜剧。这一类以搞笑创意为主的短视频，在网上迅速收获了大批粉丝。这些带有娱乐性的、轻松幽默的短视频很大程度上缓解了人们在现实生活中的压力，在业余休息时间打开观看，能给单调的生活带来许多乐趣，甚至能让观看者有上瘾的感觉，不看就会觉得缺少些什么。

4. 剪辑手法充满创意和个性

短视频常常运用充满创意和个性的剪辑手法，或制作精美震撼，或运用比较动感的转场和节奏，或搞笑，或加入解说、评论等，如图 3-3 所示，让人看完了还想再看一遍。相对于简单拍摄来说，短视频可以通过剪辑和加一些有趣生动的特效片段，引起观看者的共鸣，更吸引人们去观看。

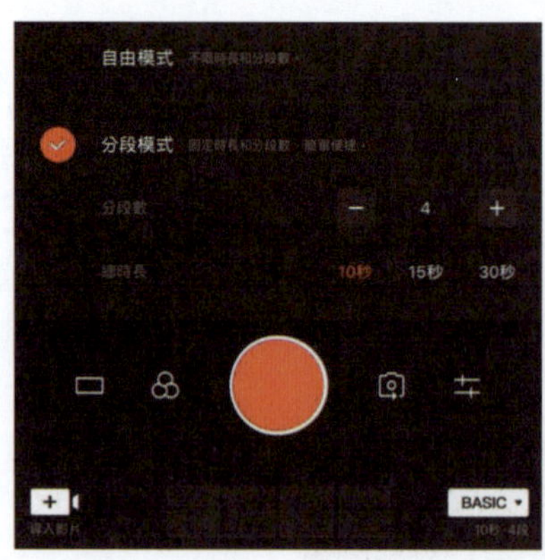

图 3-3

3.1.3 短视频的分类

短视频分为短纪录片、网红 IP、草根恶搞、情景短剧、街头采访、创意剪辑等几大类型。

1. 短纪录片

一条、二更、三感(分别见图 3-4 的左、中、右图)是国内较早出现的短视频制作团队，他们制作的短视频多数以纪录片的形式呈现，制作精良，短纪录片的成功运营，开启了短视频变现的商业模式。

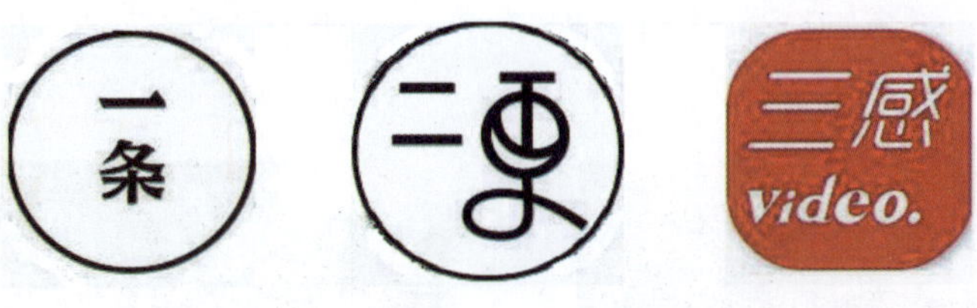

图 3-4

2. 网红 IP

papi 酱、回忆专用小马甲、艾克里里等网红形象在互联网上具有较高的认知度，他们制作的内容贴近生活，有庞大的粉丝群。

3. 草根恶搞

以快手为代表(见图 3-5)，大量草根(泛指普通大众)借助短视频在新媒体平台上输出搞笑内容。人们对这类短视频存在一定的争议，但是在碎片化传播的今天，它们也为观看者提供了不少娱乐谈资。短视频发展前期，快手在其中占有很大功劳。

图 3-5

4. 情景短剧

套路砖家、报告老板、陈翔六点半、万万没想到等团队制作的短视频大多偏向情景短剧，情景短剧多以搞笑创意为主，在互联网上传播广泛。

5. 街头采访

街头采访也是目前短视频的热门表现形式之一(见图 3-6)，这类短视频制作流程简单，话题性强，深受都市年轻人的喜爱。

图 3-6

6. 创意剪辑

利用剪辑技巧和创意，加入解说、评论等元素，是不少广告主利用新媒体短视频热潮植入原生广告的一种方式选择(见图 3-7)。

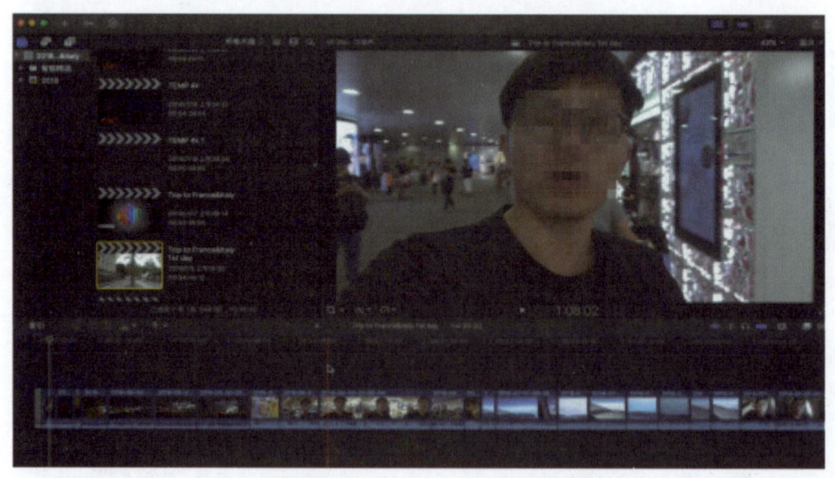

图 3-7

3.1.4 实训作业

进一步了解短视频的几大类型，并选择一种进行实践。

3.2 短视频平台

3.2.1 网络短视频内容管理规范

随着网红经济的出现，视频行业逐渐崛起一批优质的 UGC(User Generated Content 的缩写，意为用户生成的内容，即用户原创的内容)内容制作者，微博、秒拍、快手、今日头条等纷纷募集优秀的内容制作团队，进军短视频行业。到 2017 年，短视频行业竞争进入白热化阶段，内容制作者也偏向 PGC(Professionally Generated Content，意为专业生产的内容)专业化运作。

短视频中禁止色情、低俗、暴力、约架等不良行为。为加强对网络直播平台的规范管理。2018 年 11 月 7 日，国家版权局通报称，旨在维护清朗的网络空间秩序，营造良好的网络版权环境的“剑网 2018”专项行动取得积极成效。15 家短视频平台下架 57 万部侵权盗版作品。

2019 年 1 月 9 日，中国网络视听节目服务协会正式发布《网络短视频内容审核标准细则》和《网络短视频平台管理规范》。

以下为《网络短视频平台管理规范》的部分内容。

三、内容管理规范

1. 网络短视频平台在内容版面设置上，应当围绕弘扬社会主义核心价值观，加强正向议题设置，加强正能量内容建设和储备。

2. 网络短视频平台应当履行版权保护责任，不得未经授权自行剪切、改编电影、电视剧、网络电影、网络剧等各类广播电视视听作品；不得转发 UGC 上传的电影、电视剧、网络电影、网络剧等各类广播电视视听作品片段；在未得到 PGC 机构提供的版权证明的情况下，也不得转发 PGC 机构上传的电影、电视剧、网络电影、网络剧等各类广播电视视听作品片段。

3. 网络短视频平台应当遵守国家新闻节目管理规定，不得转发 UGC 上传的时政类、社会类新闻短视频节目；不得转发尚未核实是否具有视听新闻节目首发资质的 PGC 机构上传的时政类、社会类新闻短视频节目。

4. 网络短视频平台不得转发国家尚未批准播映的电影、电视剧、网络影视剧中的片段，以及已被国家明令禁止的广播电视节目、网络节目中的片段。

5. 网络短视频平台对节目内容的审核，应当按照国家广播电视总局和中国网络视听节目服务协会制定的内容标准进行。

3.2.2 各类短视频平台

线上的短视频平台分为自媒体平台、传统的短视频平台、视频网站平台、小视频平台、综合信息类平台、垂直 App 平台、互联网电视平台、电商平台等八类。

1. 自媒体平台

自媒体是最方便进行互动的平台，其他平台可能没有更多的让用户交流的空间，但使用微博、微信（分别见图 3-8 的左、右图）等自媒体平台，短视频制作者可以直接和用户通过私信互动。

图 3-8

2. 传统的短视频平台

梨视频、西瓜视频、秒拍（分别见图 3-9 的左、中、右图）都是传统的短视频平台。在这些平台上可以介绍许多内容，例如，若介绍美食类的内容，就可以介绍美食里的烘焙、调酒等，这样细分内容，可以获得很好的流量。

图 3-9

3. 视频网站平台

爱奇艺、腾讯视频、芒果 TV（分别见图 3-10 的左、中、右图）等是大众熟知的视频网站平台，这类平台可以给制作者较多的分成。在这类平台上，只有更精细的内容才有观看的价值，因此这类平台播放一些比一般的短视频更精细的内容。

图 3-10

4. 小视频平台

快手、抖音、抖音火山版(分别见图 3-11 的左、中、右图，抖音火山版的原名为火山小视频)等小视频平台对于短视频的拍摄质量要求不高,这类平台的点击率很高，而制作成本远远低于制作精细化的节目。如果制作者拥有有趣的创意或者内容十分独特，可以通过这类平台来获得一定的流量。

图 3-11

5. 综合信息类平台

网易新闻、今日头条、搜狐新闻(分别见图 3-12 的左、中、右图)等是综合信息类平台，在这类平台投放短视频时，如果内容紧贴当下热点，会很容易获得曝光。在这类平台上，也可以制作和播放有关美食、时尚等内容的短视频，如果内容足够精致，也会获得一些推荐量。

图 3-12

6. 垂直 App 平台

垂直 App 平台(垂直 App 平台把注意力集中在某些特定的领域或满足某些特定的需求上，提供有关这些领域或需求的深度信息和相关服务)已经筛选了一些用户，像大姨妈、美柚(分别见图 3-13 的左、右图)这类平台的用户一般是女性，这类平台也为相关从业者提供了一个很好的展示场所，从业者可以在这些平台上制作和发布短视频，直接从平台获得目标用户。

图 3-13

7. 互联网电视平台

要宣传品牌，中国国际广播电台、百视通 TV、中国网络电视台(分别见图 3-14 的左、中、右图)等互联网电视平台是值得入驻的地方。

图 3-14

8. 电商平台

目前，天猫、淘宝、京东(分别见图 3-15 的左、中、右图)等越来越多的电商平台中也植入了短视频。

图 3-15

可以上传短视频的平台有很多，短视频制作者可以根据自己产品和服务的特点，重点选择几个平台，上传自己的短视频作品，通过这些重点平台，获得足够的流量，积累足够的用户，并从中学习短视频平台的操作。

3.2.3 几个重要的短视频平台

首先需要说明短视频平台和短视频制作软件的关系。短视频平台是为短视频制作者发布短视频提供的环境，短视频制作软件则是用来制作和发布短视频的程序。

下面介绍近两年在网络上火爆和容易上手的几个短视频平台，它们都既是短视频平台也是短视频制作软件。

① 抖音。抖音是一个专注年轻人的短视频社区平台，它也是一款创意短视频软件，用户可以用这款软件选择歌曲，拍摄短视频，形成自己的短视频作品。

② 快手。快手科技开发了一款短视频应用软件，其前身是GIF快手（诞生于2011年，是一款将视频转化为GIF格式图片的工具）。用户可以通过它制作并分享短视频，还可以在快手平台上浏览、点赞他人的作品，与其他短视频制作者互动。

③ 秒拍。秒拍由炫一下（北京）科技有限公司推出，其口号是10秒拍大片！全新的炫酷MV主题和清新文艺范的滤镜，外加个性化水印和独创的智能变声功能，使得用秒拍制作的短视频像大片。秒拍支持把短视频同步分享到微博、微信朋友圈、QQ空间，用来和更多的好友分享。

④ 美拍。美拍是一款可以直播和制作短视频的、深受年轻人喜爱的软件，用它可以实现高颜值手机直播和制作原创超火爆的短视频。

⑤ 抖音火山版。抖音火山版的前身是火山小视频，它是一个原创生活短视频社区，由今日头条孵化，通过短视频帮助在平台上登录的账号展示自我。

⑥ 西瓜视频。西瓜视频通过人工智能技术帮助人们发现自己喜欢的短视频，并帮助短视频制作者轻松地向人们分享自己的短视频作品。

⑦ 梨视频。梨视频是原澎湃新闻创建的一个信息类视频平台，力求展现新闻事件最精华的内容，梨视频发布的大部分短视频的时长控制在30秒到3分钟之间。

⑧ 微视。微视是腾讯旗下的短视频创作与分享平台。在微视上可通过QQ、微信账号登录平台，可以将拍摄的短视频同步分享到微信好友、微信朋友圈、QQ空间中。

3.2.4 实训作业

进一步了解各短视频平台，选择一个短视频平台进行实践演练，制作一个时长为15～60秒的短视频作品。

3.3 短视频策划

3.3.1 短视频账号的包装

主页是人们进入某个短视频账号后第一眼看到的内容，主页一般由名称、头像、个性签名和账号中包含的各个短视频的封面图组成，如图 3-16 所示。所谓短视频账号的包装，就是指短视频主页的设计。

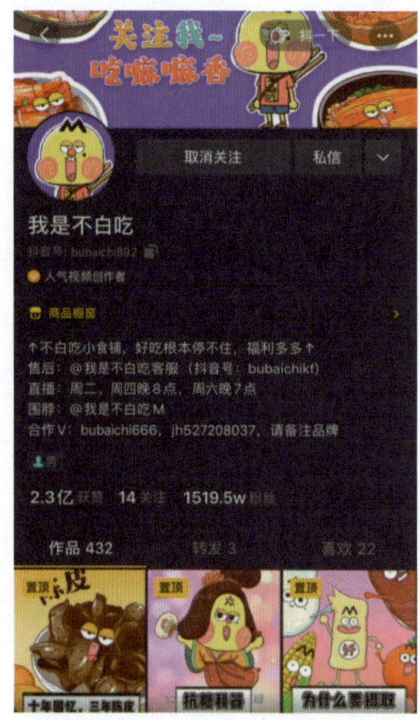

图 3-16

如果把短视频账号比喻成一个人，那么短视频账号的包装就可以比喻成这个人穿的衣服。穿上美丽“衣服”的“人”，才会更好看。所以在制作短视频前期，首先要考虑的是短视频账号的包装。短视频账号的包装可以从四个方面考虑。

1. 名称

好的名称能提示短视频要展示的产品(或服务)的特点和价值，吸引更多精准的粉丝，降低传播的成本。

确定一个账号名称的原则是：简洁、易记忆和注意领域定位。可以采用谐音和数字等方式设置账号名称。

2. 头像

头像是辨识一个账号的主要依据。选择账号头像的原则是清晰、美观和注意符合身份特征。账号头像可以有以下两种形式。

① 使用真人照片。真人照片可以让用户直观地看到人物的形象，减少心理距离。例如网红的账号几乎全部是真人照片。真人照片更容易吸引用户点击，若主页内容又不错，就很容易把用户转化为粉丝。

② 使用和领域相关的头像。如果短视频账号定位于一个有针对性的领域，那么头像就应跟定位的领域相关，例如，设置成图文标志性的头像，使用短视频里面的角色照片做头像，使用账号名称做头像，使用卡通图形做头像等。越符合短视频账号自身定位的头像，越容易让观看者记住。如某个短视频账号主要做插图教学，就可以选择其中一幅有代表性的插图作为账号的头像。

3. 个性签名

个性签名的内容主要用来展示账号能为用户提供什么价值，受众能通过个性签名得知账号的定位是什么，能不能满足自己的需求，是不是自己想看的内容。如果受众感兴趣，就会立刻关注短视频账号。

个性签名不要太烦琐，用一句话表述清楚就可以。可以从以下四方面考虑。

① 表明身份。这种个性签名方式的一般形式是“形容词＋名词”。例如，papi酱的个性签名是：“一个集美貌与才华于一身的女子。”王粒粒的个性签名是：“爱和正义感的美少女粒粒。”

② 表明领域。这种个性签名方式适合于展示技巧类的账号。例如，秋叶 Excel的个性签名是：“原来 Excel 还可以这么玩。”剪映的个性签名是：“抖音官方出品剪辑神器。”

③ 表明理念和态度。这种个性签名方式用精彩的金句来吸引用户。例如：一条的个性签名是：“所有未在美中度过的生活，都是被浪费了。”一只陀陀的个性签名是：“我想当个努力的女孩。”

④ 留下联系方式。如果是单纯做一个引导别人来关注的吸引粉丝的账号，可以留一些联系方式。

4. 封面图

好的短视频封面图可以让用户快速了解短视频的内容，提高点击率。设计封面图的技巧如下。

① 制作形式统一的封面图。图 3-16 所示的各个封面图就属于这种类型。剧情类、实用知识类、好物介绍类短视频应尽量统一封面图的形式，不要只上传视频，而不提供统一形式的封面。

② 在封面图中加上标题。可以用字体、颜色或字号的变化来突出标题，这样一方面可以吸引用户，另一方面能方便用户点击。

③ 制作视频形式的封面图：封面图可以是静态的图形，也可以是动态的视频，如果想制作视频封面图，可以对整个短视频做一些效果处理，用来充当封面图。

④ 封面图的背景应尽量干净，要有一定的视觉冲击力。

5. 小结

以上就是短视频账号包装的一些要点，在设计短视频账号主页时，应根据实际情况进行设置，尽量把所有需要填空的地方填满，这样做，可以使短视频平台得出这个账号是一个正常的、资深的短视频账号的印象，从而使初始推荐量更有保障。

3.3.2 短视频制作的前期策划

随便发个短视频就能火起来的年代已经成为历史，如今对短视频的要求越来越高。没有好的创意、内容、运营策略是很难做好的。要想做好短视频，就必须重视前期策划。

虽然短视频正在成为热门的传播方式，但如果真正投身短视频创业，依然无法绕开众多疑虑，例如，内容和用户的相关性究竟有多高？用户来自哪里？能不能持续优质地产出内容？是不是有人(什么人、多少人)持续地为所宣传的产品(或服务)下单？收入是不是足够支撑运营成本，并且能获得可观收益？所以，在决定投身短视频制作这个行业时，要做好以下几项工作。

1. 定位分析

许多短视频制作者制作的短视频效果不佳的原因是因为定位不准，甚至没有做好定位，只是刚开始有个想法，就开始制作了，这样往往会越做越不知道该怎么做了。实际上，任何一个成功的短视频账号都是有清晰定位的，定位的人群和定位的产品或服务都非常精准，吸引的粉丝也归类清晰。

例如，从事美容护肤行业的，就可以把自己定位为美容护肤专家，专门分享和美容护肤相关的产品、方法、技巧、经验，教大家怎么美容护肤，怎么打扮自己，最终吸引的粉丝都是对美容护肤有需求的用户，这样，销售自己的化妆品和美容服务就会简单自然，当然在这个过程中，短视频平台也会给制作者更多变现方式和奖励方式。

又例如，某个人不想在短视频中继续宣传自己行业的内容，但是他对养花很感兴趣(或者对其他方面的事情感兴趣)，就可以把自己的账号定位在一个养花行业中，专门分享与养花相关的经验：什么样的环境适合养什么样的花，什么人适合养什么样的花。各种养花技巧都可以分享，只教大家怎么养花，这样定位就非常清晰，不会迷茫，剩下的就是学习制作短视频的相关技术和下功夫研究养花技术，通过不断交流和沟通来吸引更多的用户。

再例如，现在有很多短视频介绍如何养小猫和小狗等宠物，一般情况下，这类短视频的制作者一开始都是先介绍一些养宠物的方法和技巧，在引入访问量后再上架商品，形成收益。

2. 标题设计

弄明白短视频的定位后，接下来就是设计标题，标题在很大程度上决定所制作的短视频有多少人点击，有多少人观看。如果标题设计得不好，短视频的点击量就会很少，最终等于白浪费了录制时间。

设计标题时应注意以下几点。

① 多学习前辈的经验，要多看、多分析，这样比自己关起门来设计标题要好。

② 设计标题的一般公式是："好奇＋精准锁定目标人群＋精准的需求＋大众化的关键词"。这样的标题可以吸引受众，使他们更清晰地明白要观看的内容，如"教你一招！夏天被蚊子叮咬后快速止痒的方法！管用！"

③ 标题文字要简洁，不可烦琐。

3. 过程学习

很多人在自己的行业内拥有非常丰富的经验，但制作短视频时，却被难住了。这很正常，因为刚开始做，对短视频制作软件和制作方法比较生疏。这个时候，除了要熟悉短视频制作软件的使用方法外，还要注意多模仿。

例如对于旁白，有的短视频制作者发现自己的总结能力和演讲能力很差。这个时候要做的事情就是去看那些制作得比较好的短视频并进行模仿，如模仿比较好的短视频中主播讲话的方式和口吻，再试着将第一个短视频做出来。这样，在以后继续制作短视频时才能逐渐做到灵活运用。切忌只看不行动，因为只看不行动，只会越来越迷茫，行动是解决迷茫最关键的手段，也是最好的手段，先把第一个短视频做出来，就算成功了 80%。

4. 平台分发

将短视频上传到多个平台，访问量可能会从开始时一个也没有，到每天有三、五个人，陆续到每天几十个人。访问量的上升是循序渐进和慢慢积累的。

3.3.3 抖音短视频策划与操作

近年来短视频行业里名列前茅的莫过于抖音短视频了，抖音已经步入了成熟期。下面用抖音短视频平台为例，说明怎样进行短视频的策划与操作。

1. 了解和分析用户

对用户应进行以下几个方面的了解和分析。

① 了解喜欢看短视频的受众里，有多少是目标用户，了解他们喜欢看什么类型的内容。

② 了解基本用户的年龄、性别、地域分布(省份、城市)、活跃时间段、兴趣偏好。

根据分析得到的数据，知道通过哪些内容来吸引用户，从而让用户成为忠实粉丝，最后成功变现获得收益。

2. 分析竞品

所谓分析竞品，就是了解和分析对手在抖音平台的情况。

(1) 抖音账号分析

可以通过以下几个方面进行分析。

① 作品数量、粉丝量、获赞数量。

② 更新频率，作品发布的规律。

③ 人设(人物设定的简称)、剧本、拍摄、演员、画面、声音、封面、标题。

④ 播放、点赞、评论、分享等数据。

通过对同行和自己的相关数据进行分析，能够更准确地吸引目标用户。

(2) 抖音账号内容分析

分析竞品的账号内容可以减少大量试错成本。不管做什么，要时刻关注同行，特别要关注做得好的前辈的做法。

例如，从事教育行业的短视频制作者，平时就应该多关注教育行业从业者在抖音上制作的短视频，通过关注，可以发现它们大致分为三种类型：知识讲解(无人物出镜)＋配音、知识讲解(人物出镜)＋配音、通过剧情表达内容。这些都是值得学习的样本。

3. 改进企业现有抖音账号

如果企业现在有抖音账号，但是运营得不理想，可以按照以上叙述进行分析，找到原因，然后从以下几个方面进行改进。

① 账号包装。

② 视频内容，包括关键词、标签、爆款视频情况、更新频率。

③ 人设、内容形式。

④ 如果有违规或被限流，可重新申请账号。

4. 抖音短视频运营步骤

(1) 注册账号

如果以企业身份注册抖音账号，要向抖音短视频平台支付一定费用，以企业身份注册抖音账号可以获得以下功能。

① 拥有蓝V标识以及认证信息。

② 名称可以得到保护。企业账号的名称不允许重复，先到先得，其他企业不能取同一名称。

③ 有自动回复和消息卡片功能。

④ 能直接转化意向用户，可以更好地建立企业与用户直接沟通的桥梁。

⑤ 拥有评论置顶功能，满足企业基于视频的粉丝精准互动。

⑥ 在主页上可以展示企业官网，满足企业品牌曝光与用户转化的双需求。

⑦ 在主页上可以置顶优质视频，使优质内容优先展示。

以个人身份可以免费注册抖音账号，但得到的账号没有上述功能。

(2) 账号搭建

完成主页背景图设计，设计名称、头像、个性签名和其他资料。如果是企业蓝V账号，可以在主页上设置官网链接、联系电话，以便直接与用户建立联系。

(3) 人设打造

好的人设可以迅速吸引粉丝，提高转化率，因此在打造人设时，要仔细衡量产品、品牌与人设是否匹配。

(4) 账号定位

所谓账号定位就是要专注于一个垂直领域，输出内容。内容越专业，越垂直，吸引到的粉丝也就越精准，转化率相对来说就越高。最好做原创的内容。除了垂直领域的内容外，还要时刻关注热点题材、热门视频，这样容易获得流量。

(5) 账号运营，提升观看量

抖音最大的魅力在于，它会根据不同受众观看短视频的经历，给受众推送最喜欢看的内容，不同受众看到的抖音短视频内容是不一样的，这样可以让受众不由自主地一直想打开抖音，观看它提供的短视频。

抖音给每个短视频作品都提供访问场所，抖音会根据完整播放率、点赞量、评论量、转发量等数据评价作品，短视频传播的效果好坏，取决于它在这个访问场所里的表现。

5. 抖音短视频运营规划

具体的规划要结合账号的实际情况来制定，一般分为以下四个阶段。

① 品牌知晓期：通过人设，输出大量与品牌一致的内容，让受众知道自己的品牌。

② 受众感知期：通过爆款的内容视频、话题、活动，让受众更直观地了解自己的商品或服务的理念，并愿意进一步了解和体验商品(或服务)。

③ 销售扩张期：通过大约几个月时间的宣传，利用有效内容吸引到一批目标用户。通过商品(或服务)橱窗、短视频等带动销售。

④ 品牌升级期：通过深度刻画的短视频内容，向受众展示自己的品牌理念，打造铁杆粉丝。

3.3.4 实训作业

根据本节所学习的短视频策划方法，以小组为单位，设计出一个短视频账号的名称、头像、标题和个性签名等。

3.4 短视频制作

短视频制作者既是内容的创作者，也是内容的传播者。

短视频制作者在制作短视频时往往会遇到如何设计、拍摄和剪辑所要呈现的内容的问题。

3.4.1 编写分镜头脚本

镜头是短视频中拍摄人物、动作或者事件的最小单位。短视频中不同人物、动作和事件的拍摄角度、拍摄距离和透视关系不尽相同，每个镜头表示对一段表演的一种独特的取景方法。

分镜头脚本完成的任务是根据解说词和文学脚本来设计相应画面，配置音乐音响，把握节奏和风格等。编写分镜头脚本是创作影片必不可少的前期准备，同样地，分镜头脚本在短视频制作中也极其重要，它相当于整部作品的制作说明书。一个拍摄团队一般都由许多人组成，分镜头脚本可以帮助团队成员理解组成整个短视频的各场戏，例如让摄影师知道某一场戏的景别、构图、运镜要求，让灯光师知道这场戏的布光要求等。

常见的分镜头脚本有纯文字脚本、图文结合脚本和视频类脚本三种。

1. 纯文字脚本

纯文字脚本主要由文字构成，适用于时间紧急的情况。纯文字脚本可以用表格的形式表达，如表 3-1 所示。编写这类脚本就是按照创作者的意图填写表格，在实拍的时候对照这个表格进行拍摄。

表 3-1 纯文字脚本示例

镜号	景别	镜头运用	时长	画面内容	音效	备注
			5 秒	工作室 Logo		
			4 秒	黑幕		
1	特写	定拍	10 秒	一位大叔站在便利店门口的冰箱前，旁边放着一箱刚打开的矿泉水，大叔正将一瓶瓶矿泉水放进冰箱，然后将冰箱门关上	冰箱门关上的声音和蝉叫声	在冰箱门关上的瞬间切换镜头
2	全景	拉拍	7 秒	冰箱中的第一瓶矿泉水	蝉叫声	
3	特写	定拍	20 秒	一位年轻人骑着自行车，将报纸递给老板后准备骑车离开，突然想起了什么，于是下车到冰箱里拿了一瓶矿泉水，结账，喝了几口，然后把瓶子放进车篮	蝉叫声	
4	全景	跟拍	15 秒	年轻人走街串巷送报纸，不时停下来喝几口水	环境音	
5	全景	跟拍	15 秒	年轻人又要喝水的时候发现瓶中的水喝完了，他把瓶子随手丢在路边	环境音	

2. 图文结合脚本

图文结合脚本用图文结合的方式表达制作者的意图和视觉效果，如表 3-2 所示。图文结合脚本是常用的、表达效果较好的脚本，它用形象、准确和简单的形式指导复杂的短视频拍摄制作过程。

表 3-2 图文结合脚本示例

镜号	画　面	文字描述	音　效	时长
19		同时，使者飞起，从空中抡锤	使者的叫喊声：“呀”	5 秒
20		向镜头冲来	使者的叫喊声：“呀”	5 秒
21		半空中，侧面中景处，使者挥出一招“魔血之祭”	使者和孤狼的打斗声	1 秒
22		孤狼挥动弯刀向镜头劈来	弯刀挥动的声音	1 秒

3. 视频类脚本

视频类脚本建立在图文结合脚本的基础上，将绘制的画面内容通过后期计算机软件处理，变成一个动画预览视频，简单来说就是在画好的内容里面加一些简单的特效、音效，更加详细地描述创作者的意图。

3.4.2 视频拍摄技巧

1. 景别

景别是指由于摄影机或摄像机和拍摄对象的距离不同，而造成被摄场景在寻像器中所呈现出的范围大小的区别。景别一般可分为特写、近景、中景、全景、远景五种，其中的前四种如图 3-17 所示。

图 3-17

(1) 特写

特写是摄影机或摄像机在很近距离内拍摄对象所得到的画面，通常以人体肩部以上的头像为取景范围，突出强调人体的某个局部或相应的物件细节、景物细节等，如图 3-18 所示。

图 3-18

特写用来细微地刻画人物，表现人物的面部表情和复杂的人物关系，它能给人以生活中不常见的特殊的视觉感受。这种镜头主要用来描绘人物的内心活动，通过面部，把人物的内心活动传递给观众，背景处于次要地位，甚至消失。

（2）近景

近景指摄取人体胸部以上所得到的画面，也用于表现场景的某一局部，如图 3-19 所示。

图 3-19

近景用来清楚地表现人物的面部表情和细微的动作，传达人物的内心世界，它是刻画人物性格较有力的景别，也是表达人物之间进行感情交流的景别。

电视节目中节目主持人与观众进行交流多用近景，它比较适合电视屏幕小的特点，在电视摄像中用得较多，近景产生的接近感，往往给观众留下较深刻的印象。

（3）中景

中景指摄取人体膝盖部位以上所得到的画面，也用于表现场景局部，如图 3-20 所示。注意，取景时不要正好卡在膝盖部位，因为摄影和摄像构图中忌讳画面卡在脖子、腰关节、腿关节、脚关节等关节部位。

图 3-20

中景是叙事功能较强的一种景别。在包含对话、动作和情绪交流的情节中，利用中景可以兼顾表现人物和人物之间、人物和周围环境之间的关系。中景的特点决定了它可以更好地表现人物的身份、动作以及动作的目的。表现多人时，可以清晰地表现各个人物之间的相互关系。

（4）全景

全景指摄取人物全身或较小场景全貌所得到的画面，如图 3-21 所示。全景相当于话剧、歌舞剧场“舞台框”内的景观，在全景中可以看清人物动作和所处的环境。

图 3-21

全景画面中包含整个人物，它既不像远景那样由于细节过小而不能很好地进行观察，又不像中、近景那样不能展示人物全身的形态动作。在叙事、抒情和阐述人物与环境关系的功能上可以起到独特的作用。

（5）远景

远景指观察距离深远的画面，人物在画面中只占很小部分，如图 3-22 所示。

图 3-22

远景通常用于介绍环境，抒发情感。在拍摄外景时常通过远景有效地表现雄伟的峡谷、豪华的庄园，也可以用来表现现代化的工业区和城市。

远景又可以分为大远景、一般远景、小远景(也称为半远景)三个层次。其中的大远景是包含整个拍摄主体及周围大环境的画面，通常用作影视作品的环境介绍，因此被称为视角最广的镜头。

2. 摄影机或摄像机的运动方式

摄影机或摄像机(以下统称为拍摄机器)能给观众提供各种观察视角，运动中的拍摄机器的镜头能带着观众一起运动。常见的拍摄机器的运动方式有推、拉、摇、移、跟，即推镜头拍摄、拉镜头拍摄、摇镜头拍摄、移镜头拍摄、跟镜头拍摄五种。

① 推镜头拍摄指被摄体不动，由拍摄机器向前运动的拍摄，取景范围由大变小，分慢推、快推、猛推，推镜头拍摄与变焦距推拍有本质的区别。

② 拉镜头拍摄指被摄体不动，由拍摄机器向后运动的拍摄，取景范围由小变大，也可分为慢拉、快拉、猛拉。

③ 摇镜头拍摄指拍摄机器不动，机身依托三脚架上的底盘作向上或向下、向左或向右、旋转等运动，使观众如同站在原地环顾、打量周围的人或事物。

④ 移镜头拍摄又称为移动拍摄。从广义说，运动拍摄的各种方式都是移动拍摄，但在通常的意义上，移镜头拍摄专指把拍摄机器安放在运载工具上，沿水平方向在移动中拍摄对象。移镜头拍摄与摇镜头拍摄相结合，可以形成摇移拍摄方式。

⑤ 跟镜头拍摄指跟踪拍摄。有跟推、跟拉、跟摇、跟移、跟升、跟降等，即将跟镜头拍摄与推、拉、摇、移、升、降镜头拍摄等多种拍摄方式结合在一起，同时进行拍摄。

3.4.3 剪辑

剪辑指把实际拍摄到的镜头片段组合成一个完整影片的过程。剪辑过程一般分为六步，分别是素材整理、特效处理、字幕处理、音频处理、包装处理、成品输出。

① 素材整理：对视频素材进行裁剪，重组顺序，引入历史素材和相关素材进行组合。

② 特效处理：为视频素材加入转场特技效果、蒙太奇效果、三维特效、多画面效果、画中画效果，为视频画面调色等。

③ 字幕处理：为视频素材添加 Logo、中外文字幕、说明字幕、修饰字幕、三维字幕、滚动字幕、挂角字幕等。

④ 音频处理：为视频素材添加背景音乐、特效音乐、专业播音员多语种配音解说、对口型配音、配乐等。

⑤ 包装处理：对上述处理后的结果进行全方位包装，制作片头片尾、形象标识等。

⑥ 成品输出：把制作好的作品输出为视频文件。

3.4.4 实训作业

根据所学知识，编写一个纯文字分镜头脚本，包括景别、镜头运用（拍摄机器运动方式）、画面内容、音效和字幕。

3.5 短视频内容运营

所谓内容运营，指的是运营者通过新媒体平台，用文字、图片或视频等形式将信息友好地呈现在用户面前，并激发用户参与、分享、传播的完整过程。

短视频内容运营的主要目标就是“提供用户喜欢的短视频内容”。

3.5.1 短视频内容运营的阶段

短视频内容运营主要分为启动阶段和提升内容量阶段两个阶段。

1. 启动阶段

短视频刚上线的阶段称为启动阶段，这一阶段的核心目标是通过测试快速找到用户喜欢的短视频内容和风格。

在短视频上线初期，要先对短视频的内容进行测试。首先设定一个大概的内容范围，投放多个短视频，然后搜集反馈的数据，分析用户最喜欢哪个短视频，从而确定较准确的短视频内容。

当短视频上线并拥有了一部分稳定的用户后，还要继续修改进行测试，这时测试的重点应放在短视频的风格上，包括短视频的拍摄手法、后期剪辑、背景音乐等。

通过这样的测试，可以在较短的时间内知道用户喜欢的短视频内容和风格。

2. 提升内容量阶段

当找到了用户喜欢的短视频内容和风格后，短视频的浏览量会有明显的提升，此时产品或服务的营销会进入一个较快的增长区间，用户数量可能在很短的时间内进入一个新的量级。

这个时候，短视频内容运营所面临的问题就是如何提升内容量，并且保证有足够的内容产出，可以通过以下几种方式实现。

① 分析自己过去发布的短视频历史数据，挖掘用户的真正需求。可以用以前播放的短视频的点赞量、评论量数据制作成表格，分析哪些内容受用户喜欢，从而抓住用户的需求，思考下一个短视频的内容该怎样制作。

② 分析同行业受欢迎的短视频内容，通过大数据找出同一个领域的优秀短视频制作者，找出他们的选题方向和内容效果，分析一下他们的短视频为什么会受到用户喜欢，努力创作出比同行更优质的短视频。

③ 大胆提出假设，然后用测试进行验证。可以拟订 3～6 个选题，然后选择几个平时观看量比较高的时段发布它们，再根据测试的效果来确定内容和发布时段，这样就可以更多地生产出用户喜欢的内容。

④ 要学会分析用户的心理。例如在早上可以发一个心灵鸡汤类短视频，因为早上是新的一天的开始，这时候，一般人在心理上都对新的一天充满希望，这时候发鸡汤类短视频，就会获得较多用户的情感共鸣，观看量就可能上去了。

⑤ 要想让用户看到优质的内容，首先要有个好的标题。好的标题可以让受众快速了解短视频内容并产生观看的欲望，带来截然不同的观看量。

常见的拟订标题的方法如下。

- 设置悬念。
- 涉及具体的人或事。
- 抓关键词，有焦点。
- 有故事、有场景、有细节、有记忆点。
- 使用动词，动词用得好，能刺激受众点击。
- 用比喻增强画面感。
- 使用否定句式。
- 包含热点消息，特别是新闻类的热点消息，但一定要注意时效性。
- 用数字，数字能给人震撼感。

3.5.2 短视频的 IP 运营

无论哪个制作短视频的网红，都有其固定的创作方法可供参考，学习他们的做法，是一条提高自己创作短视频质量的有效途径。

1. 确定自己的定位

一个好的定位能加强用户的认知，还能和用户建立情感链接，如罗永浩和他的锤子科技、李佳琦和他的口红。一旦你的定位深入用户内心，就会出现一批忠实粉丝。

在确定定位的时候，可以寻找制作者擅长的领域或者感兴趣的领域，找到后再去思考自己的用户。比如李佳琦对口红特别有研究，所以他选择在口红领域进行深耕，接下来再考虑口红的用户群体。

2. 根据目标需求设计 IP

IP 原意是指知识产权，随着网络用语的发展，又有了拓展的定义。我们这里所说的 IP，指的是人或事物，可以是明星和网红，也可以是动漫角色，或者是用户心目中的形象，但无论哪种 IP，都有一个共同的属性，就是自带流量，他(它)们可以凭借自身的影响力，增强用户的黏性。

在制作短视频时，要注意建立有特色的个人 IP，可以根据目标用户的需求设计自己的 IP。例如，有的人深挖情感共鸣，有的人坚持价值输出，还有的人通过有独立风格的语言建立 IP。

在设计自己的 IP 时，要让用户对这个 IP 产生感情。例如，李佳琦建立自己 IP 的方案是考虑目标用户的需求，比如考虑用户在买一支口红时会顾及哪些因素，颜色、价格、质地、效果还是使用场景等。

下面列举几条李佳琦在他的短视频中使用的语言，看看他是如何通过满足目标用户的需求，建立自己个人 IP 的。

① 有点像红柿子，非常漂亮(谈颜色)。

② 四舍五入等于不要钱(谈价格)。

③ 感觉你的嘴巴是水果，男人都想要咬一口(谈质地)。

④ 看看我的嘴巴哟，是 18 岁少女才会有的吧(谈效果)。

⑤ 当你想要秒杀全场的时候，就涂 307 号色出门(谈使用场景)。

3.5.3 实训作业

根据所学知识，制订一个短视频的内容运营策划方案，包括个人定位和 IP 的设计等。

3.6 短视频数据分析

数据可以揭示一些本质问题，不管做什么行业，会进行数据分析都是必须掌握的一项技能。对短视频运营来说，数据分析同样至关重要。

通过数据分析可以发现短视频账号存在的问题，以便制作者及时进行调整。例如，当获知账号的短视频观看量急剧下滑时，就应该查找原因，然后做出相应的调整。通过数据分析还可以对运营策略进行指导，如对竞争对手账号进行细致分析后，可以有针对性地对自己的内容进行优化。通过这样的数据分析制作出的短视频更受观看者喜爱，能获得更多的流量。

短视频的数据分析包括内容评估、内容数据、内容反馈指标、同 IP 之间视频的对比分析、外部竞争的分析五大方面。

3.6.1 内容评估

2017 年 2 月 21 日，企鹅智库发布的《2017 中国自媒体消费＋创作＋平台全视角趋势报告》显示，随着市场上节目的进一步丰富，观众的需求也开始呈现多元化发展。短视频的内容制作水平成为制作者面临的第一道挑战。精细分化的内容决定了品牌的资源匹配、粉丝留存、广告赞助等。

对短视频的内容进行评估，可以从以下三个方面进行。

1. 背景音乐

要尽量选择一些热门音乐和经典的音乐作为短视频的背景音乐，以引起用户的共鸣。可以参考抖音每隔一段时间推出的抖音音乐榜（见图 3-23）。在选择背景音乐时，如果选择平台提供的热门音乐，平台会优先推送。

图 3-23

2. 封面图和字幕

短视频账号主页上封面图中标题的文字不能太大，也不能太花哨（见图 3-24 的左图），以免它们占据了封面图的主体。短视频的类型要一致并且使内容垂直呈现，在短视频中呈现的字幕（见图 3-24 右图中的“正是农历七月初七日”）要醒目并且整齐，让用户一眼就能看清。在每次发布短视频前，最好先发布一个样片，仔细检查，确认无误后，再发布正片。

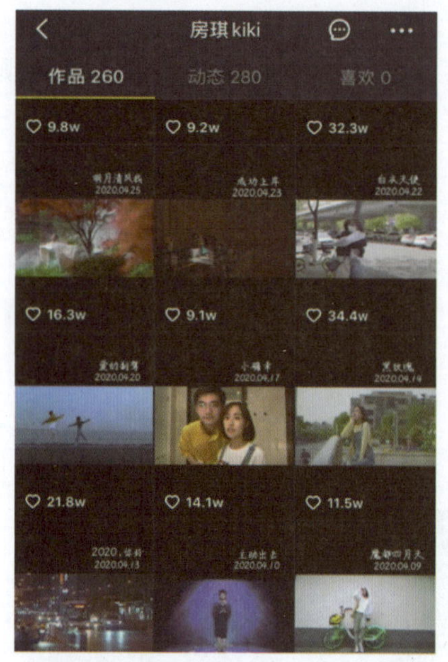

图 3-24

3. 话题标签

图 3-24 的右图下方显示的文字称为话题标签，如图 3-25 所示，当用户点击话题标签中链接的企业后，将进入对应企业的短视频主页。

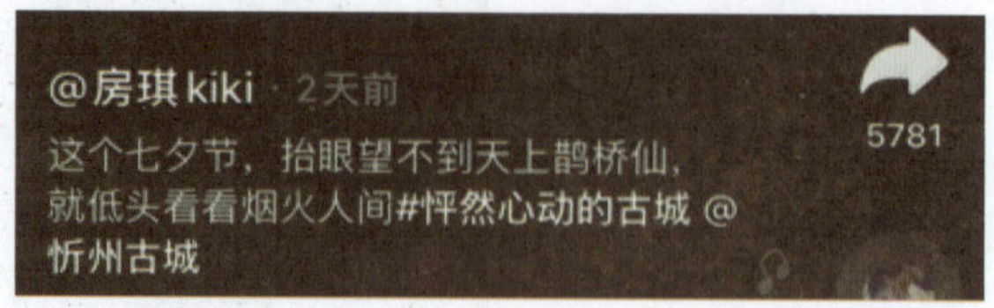

图 3-25

这些话题标签是重要的流量入口，因为平台会对这些话题标签进行流量扶持，在发布短视频时如果带上这种话题标签，能获得更多的流量。

3.6.2 内容数据

1. 初始推荐量

平台会通过账号的表现，结合标题描述的内容覆盖的人群，进行第一波推荐，这种推荐称为初始推荐。这个时候的推荐不包含互动等指标数据，决定其基数的就是内容覆盖的人群，所以初始推荐量是用来评估内容热门度的一个指标。

在内容审核通过后的 1 小时内，账号的运营者要持续观察后台的推荐量情况，如果推荐量减少，就要分析原因，有可能是标题中没有吸引人的词汇，封面图也不够吸引人等。

2. 平均播放时间、跳出率

如果平均播放时间过短，跳出率过高，说明标题、封面图与内容差距较大，观看者进入后，发现与自己的预期不相符。跳出率过高有可能会被判定为标题党，平台会极大地减少推荐量。

3.6.3 内容反馈指标

1. 点击量

如果把内容数据指标看作“事中”指标的话，点击量可以说是一个“事前”指标。用户在平台上看完被系统推荐的短视频前，对短视频的内容是不了解的，评判是否要点开并播放它的依据，主要是标题和封面图两个因素。而点击量，则代表了一个短视频标题和封面图的吸引人程度。所以说，要提升点击量，就要提升标题和封面图的吸引力。

2. 评论量、收藏量、转发量、涨粉量

① 评论量表示了用户在观看短视频后的讨论情况。

要提升评论量，首先在策划内容时就要考虑内容本身的可探讨价值，如存在争议点、存在对立双方、能引发共鸣等；其次，需要在内容(包括评论)等环节对用户进行引导，鼓励用户互动，留下自己的意见。

② 收藏量表示用户观看短视频后的收藏情况，也代表了观众对内容价值的肯定情况。

要提升收藏量，就要提升内容的实用价值，如短视频的内容对提升生活质量或提升技能有益等。

③ 转发量表示用户观看短视频后向外推荐的情况。

转发的原因主要有两种：一种是觉得这个短视频对他人有用，另一种是表示自己对这个短视频的支持。

转发量高的短视频，有些是搞笑，可以帮助大家解压的短视频；有些是宣传新鲜事物，可以满足大家好奇心的短视频；有些是和转发者价值观相同，可以表明转发者立场的短视频。

④ 涨粉量表示用户观看短视频后愿意持续关注，希望持续获得相同内容的情况。

3.6.4 同 IP 视频之间的对比分析

视频之间对比分析分为横向对比分析和纵向对比分析两种。横向对比分析指的是同期视频的对比分析，纵向对比分析指的是同类视频的对比分析。

同 IP 视频之间的对比分析使用“合横连纵”的对比方法。

合横对比是把同期视频整合起来，进行合并的统计对比，通过这种对比，可以得知短视频在哪个渠道观看量高和互动率高，从而能说明这个短视频的内容适合哪一渠道的人群观看。

连纵对比是对同类或者相似题材的短视频进行对比。

3.6.5 外部竞争的分析

同样类型或同样题材的短视频在相近时间和相同渠道发布就会有比较明显的竞争关系。例如同样都是美食题材的内容，如果大家发布时间相近，在一定程度上推荐量会被拆分。另外蹭热点的内容也会有竞争，虽然热点内容有很大的被关注可能性，但如果在同期有许多短视频都围绕同一个热点展开，就会产生需求过剩的情况，而如果发布的时间偏后，对于用户来说则没有新鲜感了。

3.6.6 实训作业

根据所学知识，任选一个短视频，对它进行内容评估、内容数据、内容反馈指标等的分析。

3.7 第三方短视频数据分析平台

3.6 节介绍了对短视频数据进行分析的重要性和应该分析哪些数据。本节介绍市面上有哪些第三方短视频数据分析平台。

3.7.1 短鱼儿

短鱼儿的界面如图 3-26 所示。

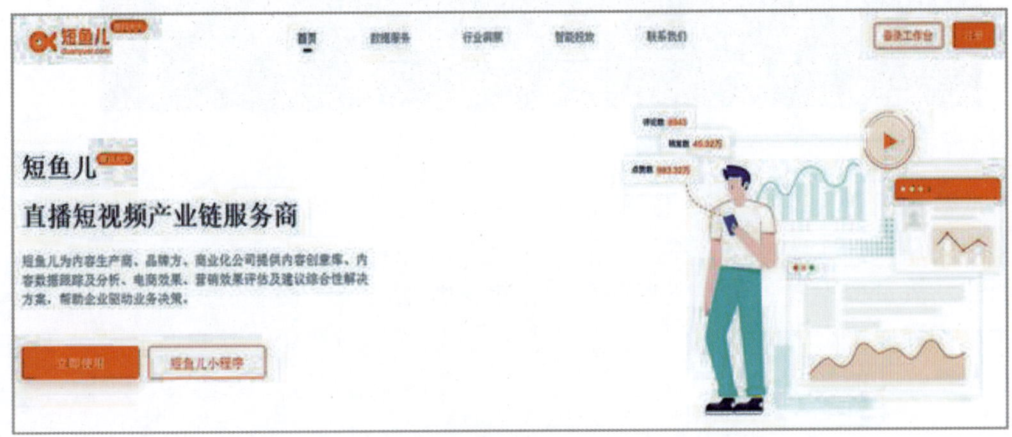

图 3-26

短鱼儿的数据分析功能很强，主要包括以下几个方面。

① 账号追踪功能：可以提供短视频平台每日的数据报表，根据短视频数据表现和粉丝数量趋势，判断账号的状态，短视频账号的运营者可以根据报表提供的数据，及时调整账号的发布内容，制作出用户喜欢的短视频。

② 网红排行查询功能：通过抖音红人榜和粉丝榜等找到最热账号，可以免费查询 TOP100 账号。

③ 数据对比功能：通过有竞争的账号的粉丝量对比及趋势对比，比较账号热点及趋势，结合其他信息计算投入产出比。

④ 电商排行榜：列出热销商品，帮助大家进行热销商品分析，这一功能对于做短视频带货的运营者十分有用。

3.7.2 飞瓜数据

飞瓜数据的界面如图 3-27 所示。

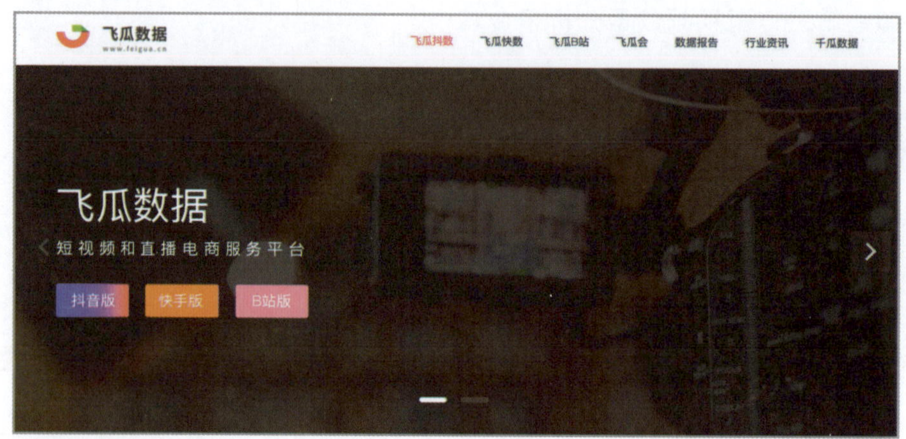

图 3-27

飞瓜数据采用大数据技术追踪短视频的流量趋势，为用户提供热门短视频、音乐、热销商品及优质账号排行榜。帮助账号运营者完成账号内容定位、粉丝增长、粉丝画像及流量变现等。使用飞瓜数据可以查询包括抖音、快手、B 站、微视、秒拍等主流短视频平台的数据。此外，还有热门视频及热门音乐、热卖商品及带货账号的分析查找功能。

3.7.3 卡思数据

卡思数据的界面如图 3-28 所示。

图 3-28

卡思数据是一个专业的短视频分析平台，涵盖抖音、快手、B 站、美拍、秒拍、西瓜视频等，卡思数据的主要功能如下。

① 红人智选。帮助广告主进行网红分析。

② 监测分析。对账号的数据进行分钟级的监测，实时显示数据变动情况。

③ 榜单查询。展示各短视频平台的红人榜。

④ 电商带货分析。提供热销商品榜和热门带货短视频榜。

⑤ 创意洞察。分析热门视频素材等。

3.7.4 新榜

新榜的界面如图 3-29 所示。

图 3-29

新榜是一个比较权威的榜单平台，早期做公众号排名，现在逐步开始对一些主流的短视频平台(如头条号、微博、抖音等)的数据进行分析，功能涵盖榜单分析、数据监测、运营增长、流量变现等。

新榜提供的免费功能主要包括平台的 TOP 账号榜单查询功能，分日榜、周榜和月榜，可以大致查询每个短视频平台中各个分类排名前 50 到 100 的账号，利用查询到的数据可以在一定程度上分析受众的喜好趋势和变化，有利于后期优化自己的账号。

新榜提供的付费功能主要包括数据服务、营销增长、内容营销、版权分发、数据监测、评论采集、快速涨粉等。

3.7.5 小葫芦

小葫芦的界面如图 3-30 所示。

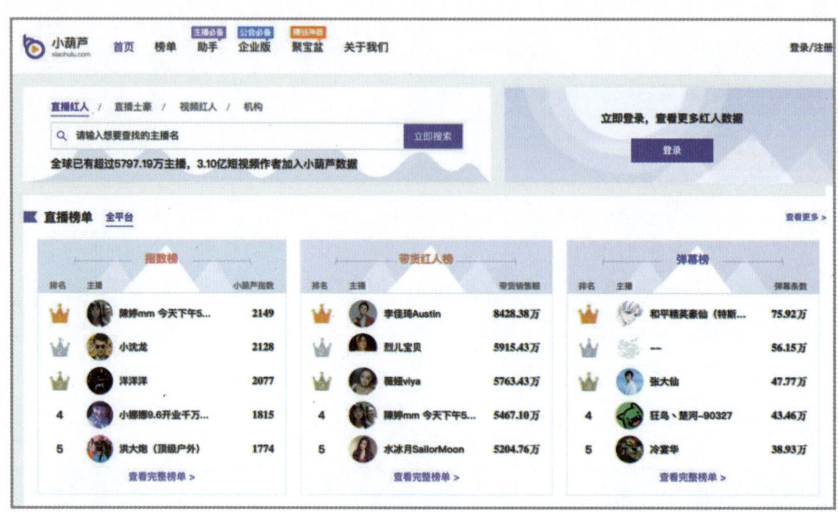

图 3-30

小葫芦主要做和短视频相关平台的数据分析，如做抖音、快手、斗鱼、虎牙等短视频平台的数据分析。使用小葫芦可以查询的榜单数量比较多，如收入榜、弹幕榜、点赞榜、土豪榜等。

小葫芦还提供一些和直播相关的小工具，如直播助手、直播互动插件、直播数据统计工具、弹幕助手、直播录制助手等，非常适合既制作短视频也进行直播的制作者使用。

3.7.6 实训作业

根据所学知识，任选一个第三方短视频数据分析平台，分析某账号的各项数据。

3.8 短视频变现

短视频进入市场后，一波又一波网红相继产生，如 papi 酱、办公室小野、瞎看什么、赚了眼球等。短视频制作者目前主要依靠广告、平台的流量补贴、短视频+电商以及知识付费等方式让自己创作的作品变现，通过创作短视频获得收入。

3.8.1 广告变现

短视频的广告投放形式一般为贴片广告、浮窗 Logo、内容软植和视频广告等。

例如在西瓜视频上的广告投放形式如下。

① 开屏/锁屏/唤醒开屏时用户所看见的广告，如图 3-31 的左图所示，这类广告又分为轮刷展示、图片展示 3 秒(可点)、视频展示 4 秒(不可点)三种形式。

② 详情页广告，如图 3-31 的中图所示，形式为图片展示或视频展示。

③ 视频后贴片广告，如图 3-31 的右图所示，形式为图片或视频(均可点)。

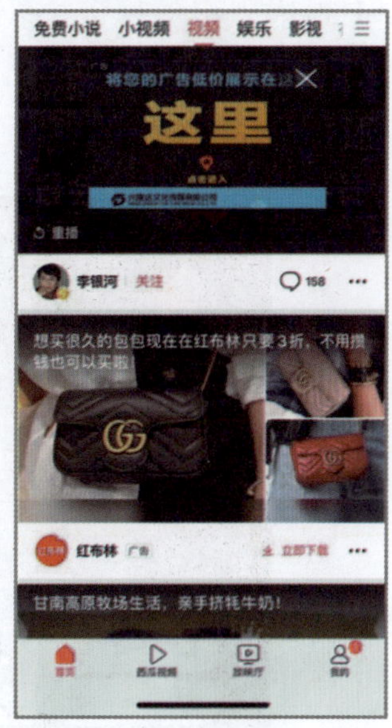

图 3-31

短视频平台目前采取的四种广告计价方式分别为 CPT、CPD、竞价 CPM/CPC/OCPC 以及采取 CPM 计价的 GD 广告。

西瓜视频广告的计价方式以 CPM 和 CPC 为主，计价公式如下。

① CPM 计价=refresh×asr×asn×cpm。

② CPC 计价=refresh×asr×asn×acp×ctr。

上面两个式子中，refresh 表示刷新次数，asr 为刷到有广告短视频的概率，asn 为每次刷新显示的条数，cpm 为千次展示售价，acp 为点击一次的价格，ctr 为点击次数。

例如，以 CPC 的计价方式计算，假设某人在某一天刷新西瓜视频的次数为 10 次，刷到有广告的概率为 35%，同时每次刷新所显示的广告条数是 10 条，每点击一次广告的价格为1元，此人点击了2次，则CPC计价=10×0.35×10×1×2=70(元)，也就是说，西瓜视频平台通过此人在这一天的操作，从广告商那里赚取了 70 元人民币的广告费，然后平台再根据制作者投放的带有广告的短视频数，给制作者一定的分成。

3.8.2 平台的流量补贴变现

字节跳动的大数据中心调研了 952 个优质短视频制作团队，调研报告显示，盈利的短视频制作团队中，71.18%的团队的主要盈利来自平台的补贴。

目前国内短视频平台实行流量补贴的有字节跳动的抖音火山版、腾讯的微视等。

1. 抖音火山版

字节跳动的抖音火山版在计算机浏览器中的首页界面如图 3-32 所示。

图 3-32

抖音火山版宣布在 2017 年至 2018 年面向 UGC 用户提供 10 亿元补贴。具体的补贴包括以下两个方面。

① 火力现金补贴(火力也叫火力值，是抖音火山版平台评价系统的评价标准，每 10 个火力对应约 1 元的红包奖励)。每位 UGC 用户上传的短视频，只要符合优质、原创的标准，都将获得火力现金补贴。

② 针对短视频内容，对于优质的达人，将推出特定养成计划，长期进行流量扶持，按照内容质量和贡献程度定期给予 100～10000 的火力值。

2. 微视

腾讯的微视在计算机浏览器中的首页界面如图 3-33 所示。

图 3-33

微视宣布在 2019 年 4 月到 8 月补贴制作者 30 亿元。微视官方设置的补贴金额按 S 级、A 级、B 级的不同内容，分别补贴 3000 元、1000 元、300 元。

3.8.3 “短视频+电商”变现

阿里巴巴的大鱼号和一条等短视频平台除了提供流量补贴变现外，还提供“短视频＋电商”的变现方式。

所谓“短视频＋电商”的变现方式，就是用短视频承载商品(服务)内容，用户浏览短视频时，便接触到对应的商品(服务)的内容主体，从而实现内容、商品(服务)、营销场景互联。用户通过短视频购买商品(服务)，商家给短视频制作者以酬金。

1. 大鱼号

阿里巴巴的大鱼号首页界面如图 3-34 所示。

图 3-34

依托于淘宝网这个国内最大电商平台的大鱼号，在“短视频+电商”的变现方式中有天然的优势。在阿里巴巴的渠道资源、数据能力和技术能力的支持下，大鱼号实现了与淘宝电商平台相关内容的互通，同时还将电商变现的功能接入到整个大鱼号体系中。

2. 一条

一条的首页界面如图 3-35 所示。

图 3-35

一条在 2014 年 9 月上线第一条短视频，4 年半发布了将近 3000 条原创短视频，全网订阅用户达 3500 万，日均阅读量 2000 万。

一条将目标用户定位于追求生活品质的高知人群，2016 年 8 月，一条的生活美学电商“一条 App”正式上线，平台的商品以极简、精致的风格为主，符合目标用户的购买需求。一条也采用“短视频＋电商”的变现方式。

3.8.4 知识付费变现

2016 年起各大知识付费平台兴起，付费音频栏目及付费的短视频也遍地开花。据国家信息中心统计，2017 年我国知识领域市场交易额约为 1382 亿元，同比增长 126.6%，参与的用户数约 7 亿。

短视频知识付费比较典型的案例是新片场推出的《电影自习室》付费短视频系列，如图 3-36 所示。新片场从 2012 年开始做这档影视教学视频栏目，每集约 3～5 分钟，在 2016 年年底，新片场官网上线了付费版本的《电影自习室》，一共推出 16 集，每集单价 399 元，这个付费产品在预售阶段卖了 100 多万元。

图 3-36

3.8.5 内容矩阵化经营

内容矩阵可以想象成位于空间坐标系中的一个立体，可以用空间坐标系的 X，Y，Z 轴描述这个立体，X 轴是平台种类，即要发布内容的平台；Y 轴是内容的细分品类；Z 轴是每个细分品类里的内容。

例如要做一个北京美食的自媒体账号，首先要选择在什么样的平台上发布，其次可以根据烹饪方式对美食类别进行细分，如热炒的方法可以分为炒、爆、熘等，最后再根据菜品进行细分。不同细分的根据不能重复，重复了，就会给用户带来逻辑不清的感觉。然后把这样的内容持续发布到各大短视频平台中，这就是内容矩阵化经营。

成立于 2016 年的洋葱集团，在各大短视频平台上已经打造出 70 多个 IP，粉丝总数超过 1 亿，其中百万级达人 IP 超过 10 个，且在不断增长中，之所以能取得这样的成绩，主要在于洋葱集团实施了内容矩阵化经营策略。

3.8.6 实训作业

根据所学知识，任选一账号，分析该账号的内容变现方式。

3.9 三农类短视频运营案例分析

做好短视频运营的关键是提高短视频内容的质量，提供优质短视频账号的流量会提高，有了流量，就可以将其转化成制作者的收入，使他们有能力创作出更优质的短视频，从而形成一个良性循环。

七位土生土长的侗家姑娘变身为网络上的“浪漫侗族七仙女”，她们在西瓜视频平台上运营的账号主页如图 3-37 所示。她们在短视频中记录了自己在家乡的各种日常生活，如上山采摘、下河捕鱼、织布刺绣等，与此同时，还展示了家乡的原生态自然风光。不到一年的时间，她们不仅在西瓜视频等短视频平台上收获了众多粉丝，更通过短视频带来了侗族刺绣、稻米、小黄姜等产品的热销，用自己的能力让家乡脱贫致富。

“浪漫侗族七仙女”不是个例，“巧妇 9 妹”账号在西瓜视频平台上的主页如图 3-38 所示，“巧妇 9 妹”账号凭借发布具有家乡特色的美食短视频而被大众熟知喜爱，成为短视频界带货的翘楚。

除此以外，“华农兄弟”“美食作家王刚”“乡村小乔”“乡野丫头”“西北小强”等一系列账号都在三农类的短视频中形成了一定的影响力。这些达人账号独特的视频内容有趣而“吸睛”，它们也具备了不容小觑的变现能力。

这些以农民为主的草根制作者制作的以原生态地理风貌、风土人情、美食特产等为主要内容的短视频，在各大平台中越来越多。

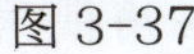
图 3-37

图 3-38

3.9.1 借助自身能力与外界平台的支持，让优势得以传播

三农类短视频越来越受到用户的关注，这是多个短视频平台响应政府的扶贫政策、扶持正能量草根用户的结果。而这种响应与扶持也为更多的“新农人”提供了肥沃的创作土壤。

2018 年 3 月，抖音火山版提出了“携手火山振兴魅力乡村”的口号，随即又在 9 月推出了火山三农合伙人计划；抖音则以乡村旅游打卡、助力贫困县、非遗合伙人计划等，给三农类短视频以流量扶持；快手从 2018 年下半年起，也先后推出了快手幸福乡村创业学院计划和幸福乡村带头人计划。平台流量的倾斜、多平台进行传播的条件给三农类短视频的制作者提供了丰富的机会。

3.9.2 借助人们的集体记忆，重新营造一个美好的场景

三农类短视频的兴起与集体记忆的唤醒和重构有不可分割的关系。

70 后和 80 后中的很多人有过乡村生活经历，即使进入城市也保留着一份乡情，而在这些三农类短视频中呈现的乡村景观，让他们在倍感亲切的同时获得一种乡村群体的归属感。

对于 90 后、00 后这类相对年轻的群体来说，乡村或许只存在于长辈们的口述回忆

中，或许来源于各种文艺作品。从未亲身感受过的乡村生活、乡村景象等让他们感到好奇和新鲜，在短视频平台的传播下，他们的猎奇心理和社交需求也得以满足。

结合当下环境来看，快节奏、压力大的城市生活引发了众多用户对乡村质朴和悠然生活景观的向往。在集体记忆被唤醒或构建的同时，用户可以通过观看短视频，寻求暂时的休憩，获得一种原始、本真的快乐。

3.9.3 还原原生态气息，使用户获得强烈的体验感

与其他比较注重镜头质感的短视频相比，三农类短视频大多数呈现的是比较简单，甚至“粗糙”的视觉画面，既没有精细的剪辑技巧，也很少有考究的滤镜修饰。当看惯了变音加速、场景有趣、剧情跌宕的短视频后，三农类短视频这种剥离了精致滤镜，竭力打造出原始生态场景的乡村田园风格，给用户提供了新鲜的视觉感受。

比较受用户关注的三农类短视频一般都以“乡村环境＋人物实时生活状态”为主要内容，通过同期声画面呈现乡村生活的常态，完成主角视角下对生活的点滴记录，这类短视频中流淌着一种自然的原生态气息，这种气息既增加了用户的情景代入感和主观体验感，也触及用户对于乡村的情感与记忆。

如“华农兄弟”账号提供的短视频中，河边的流水声、山林里的虫鸣声都直接通过视频传递到用户耳边；再如“巧妇 9 妹”账号提供的制作农家美食的短视频中，真实呈现了从用石磨磨米浆到制作出河粉的全过程，同时很多农村特有的元素，如菜园、草垛、鱼塘、果园、鸭群、田野等，都在作品中一一展示，整体风格朴实自然，既不刻意猎奇，也不哗众取宠，给用户带来了近距离的真实乡村生活体验。

3.9.4 变现——从“乡土记忆”到“乡土经济”的转化

除了传统的流量分成、平台补贴、粉丝打赏、广告分成外，电商带货是众多三农类短视频制作者的变现方式，即在用户观看视频的过程中完成营销。三农类短视频制作者将乡村的特色产品，如柑橘、西瓜等农产品融入短视频的场景之中，更容易与用户形成情感上的联系，而用户也很可能将这种情感转化为对短视频内容及其制作者的支持，从而完成“变现”的终极目标。

3.9.5 实训作业

根据所学知识，创建一个自己的账号，完成从定位到数据分析到变现的过程。

新媒体平台文案写作与传播

前面我们介绍了很多新媒体平台，本章挑选几个常用和有代表性的平台进行分析，主要包含朋友圈、社群、公众号、小红书、抖音等，通过平台特征、案例等分析在新媒体平台上发表的文案的特征和要点。

“文案”一词来源于广告行业，是“广告文案”的简称，多指表现广告内容的文章、图形和用语。

为了简化表述，一般情况下，本章把发表在各类新媒体平台上的文章、图形等统称为文案，有的时候为了指明具体的对象，也把某些文案称为文章。

接受产品和服务的对象一般称为客户，使用某个产品或服务的对象一般称为用户，为统一起见，本章把他们统称为用户。

4.1 微信平台文案特征分析与写作技巧

4.1.1 微信朋友圈运营及文案写作

首先，必须弄清楚微信朋友圈(包括微信群)的本质。微信的朋友圈为用户提供了很好的社交功能，一个圈子里的人可以在朋友圈里互动、相互点赞和评论。一个人在朋友圈里发表的任何信息，都会给其他人呈现他的个人状态，影响着别人对他的看法，这就和一个人在现实生活中一个会议上发表言论和观点的效果一样，认清这一点非常重要。

有些人不在乎自己在朋友圈里发什么，觉得只要随意开心就好，不论什么心情或者什么乱七八糟的内容都发，一天可能发许多条，这会使他们成为不是很有影响力的人，因为这样乱发的内容可能拉低发信息的人在别人心目中的形象。

所以在朋友圈中要像“明星”一样谨慎地发表自己的观点和想法，这样才会吸引一批粉丝。

1. 人设打造

所谓人设，就是人物设定。不论是主动联系别人还是推销自己，别人对你的第一印象都非常重要，如何给自己打造一个好的人设，给别人在线上留下一个比较好的印象呢？可以从头像、昵称、朋友圈封面和个性签名、自我介绍这四个方面考虑。

（1）头像

假如你在一个微信群中互动，别人第一眼看到的一定是你的头像和昵称，然后才会去看你的个人介绍，受到吸引后，对方会添加你为好友，去看你的朋友圈。

如图 4-1 所示的四个头像，你最喜欢哪一个呢？

图 4-1

一般人的选择顺序都是自左至右，据此进行分析，可以总结出如下所述的头像设计的三个要素。

① 头像应足够清晰，让人一目了然。

② 头像应赏心悦目，微笑的力量很强大，应该选择一张或漂亮、或帅气，充满正能量的照片作为头像。

③ 头像应体现专业特性，让朋友圈和微信群里的人看到一个专业、干练的正面形象。

（2）昵称

昵称要响亮、独特、可识别度高、固定。

如果想在微信的朋友圈中占有比较醒目的一席之地，一定要有一个识别度高的身份证，让别人能够一下子就记住你，以后也能轻松地想起你。微信中的身份证就是你的昵称，随着时间的积累，你的昵称的效应会越来越大。经常修改昵称是大忌，因为这会让朋友在微信里找你时，不容易搜索到。可以选择一些辨识度高又好记忆的昵称，例如王六六、小月月、papi 酱等就是很容易区分的昵称，这样能让人们很容易就搜索到你，有利于个人品牌的建立。

（3）朋友圈封面和个性签名

朋友圈封面和个性签名应显示个人的定位(职业或业务)。

如图 4-2 所示的两个人的朋友圈封面和个性签名就很专业和清晰，让看到的人有进一步深入了解的愿望，当别人有相关需求的时候会第一个想到他们。

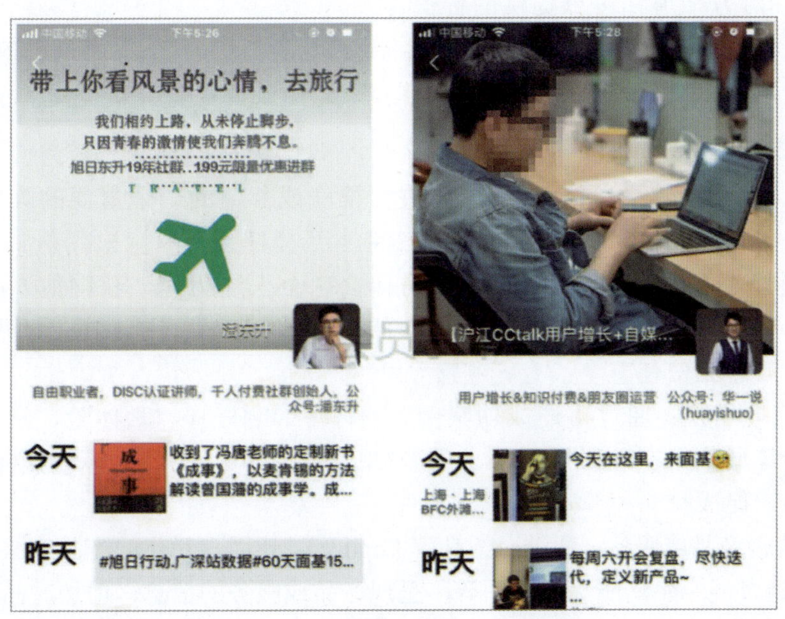

图 4-2

（4）自我介绍

做微商一定会有进行自我介绍的时候，例如在一些微信群里主动推销自己或者有一些朋友主动联系你时。为了快速彼此了解，产生更进一步的联系，需要给对方发一个自我介绍，良好的沟通从真诚的自我介绍开始。

下面是一个自我介绍的参考模板。

【姓名】×××。

【坐标】上海。

【个性签名】从事教育行业、用户增长研究、社群营销。

【个人经历】深耕互联网教育行业 3 年，做过宝妈人群的新媒体运营和社群营销，从 0 开始搭建的社群规模达万人，月创造业绩高达 30 万元。

【兴趣爱好】读书、运动。

【我能为你做什么】

① 社群营销、用户增长方面的指导建议。

② 上万宝妈人群和大学生人群流量资源合作。

【其他】

目前正在刻意扩大影响，期待认识更多优秀的朋友一起交流学习。

分析上述模板，可以得到下述写好做我介绍的几个原则。

① 自我介绍中要阐述三方面的信息：通过“姓名”“坐标”“个性签名”，让对方知道你是谁；通过“个人经历”，让对方判断你是否符合他的需要；通过“我能为你做什么”，让对方知道你可以提供的价值。

② “个人经历”部分要根据自己的真实经历和亮点撰写，在叙述自己的经历时，加上一些数据，可以更好地吸引对方的眼球。

2. 朋友圈运营框架设计

朋友圈现在已经逐渐成为个人、企业进行推广或营销的一个重要的阵地，总结下来，人们在朋友圈发信息的目的有以下三种。

① 塑造个人/品牌形象：通过分享心得体会、个人经历等，获得他人的情感共鸣；通过分享一手信息、干货知识、个人生活动态等，获得好感，拉近和用户或朋友的关系，进而建立信任。

② 挖掘意向用户：通过讲述成功案例、晒订单、晒好评、晒体验、分享用后感受、抽奖互动等形式，在刺激用户需求的基础上，再加一些引导，筛选意向用户，进而私聊接触，促成交易。

③ 直接推销产品或服务：通过介绍品牌 Logo 等，让用户对你的产品或服务有一个初步的认知；通过展示生活照、产品图等，呈现产品或服务的信息，增加产品或服务的知名度。

在这里要注意的是，每日发朋友圈的图文数量要适中，频率太高容易被屏蔽。

综合来看，朋友圈运营框架是一个包含若干层的展示自己的金字塔的结构。塑造个人和品牌形象，和用户建立信任关系位于塔底（占朋友圈内容的 50%左右），这体现了朋友圈的社交属性，占比最大；金字塔的中间部分（占朋友圈内容的 30%左右）是筛选意向用户，进一步接触，产生成交可能；金字塔的顶端（占朋友圈内容的 20%左右），是直接推销产品，产生成交，这是终极目的，占朋友圈内容很少的一部分，但很重要。

现在很多企业和机构都形成了各自的一套朋友圈运营框架，但是内容基本上就是上述的三种。如果你的朋友圈运营框架不符合上面提到的金字塔结构，就需要适当调整，例如增加社交属性，减少用户的流失和提高成交的效率。

举两个微商的例子来说明，一个是某平台的微商推广大咖（见图 4-3 的左图），一个是某微商入门新手（见图 4-3 的右图），考察以下推送的内容，就可以知道谁的朋友圈推送效果更好，收益更大。

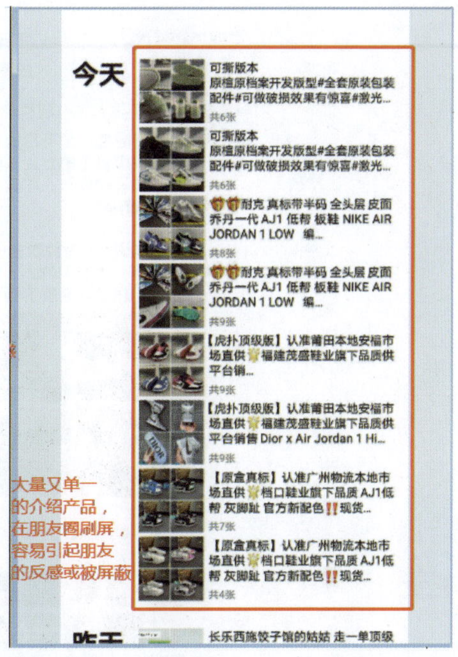

图 4-3

3. 三类朋友圈文案的撰写技巧

不同文案水平的人发布的朋友圈文案产生的效果差异很大，如何才能撰写出一篇优秀的文案呢？下面举出三类不同的朋友圈文案的例子，说明撰写文案的一些方法和技巧。

(1) 形象塑造文案

先考虑清楚，你的个性签名或者企业品牌是什么？你的目标用户是谁？基于个性签名，你希望传递给用户什么样的印象？

撰写公式：场景故事+(正向能量)。

下面举例说明。

① 描述一个做烘焙的宝妈周末的午后带娃的情景。

【小而美的周末】

周末的午后，明媚的阳光洒满窗台，我沉浸在自己的烘焙世界里，做着漂亮的雪花糕，孩子们在一边嬉闹……

做自己喜欢的事，有一双可爱的儿女，简单的美好大概就是这样，希望时光再慢点儿，让我慢慢陪孩子们长大！

本文案作者的目标用户群体是宝妈，这样的文案发出去，通常情况下会吸引一大波人的点赞和评论。

② 讲述个人成长故事(辛苦的过去和理想的现在)+正向能量，如图 4-4 所示。

图 4-4

这样的文案很容易引起大家的共鸣，使人们产生向她看齐的想法。

(2) 求点赞文案

经营了一段朋友圈的人设后，想测试一下自己在朋友圈中的形象时，可以发一条求点赞的文案来检验一下，点赞的人数只有你自己知道。如果点赞较少，说明建立良好人设的任务和过程还任重道远，需要增加自己朋友圈的社交属性，减少硬广告推广；如果点赞较多，说明你离朋友圈变现更近了一步；如果点赞和互动的人很多，就又是一个很好的素材，可以发新的朋友圈了。

在朋友圈获取点赞的文案有很多种，如点赞可以换东西，但是应该怎么写呢？不能太直白地说，点赞我可以换东西，这样显得格调太低，明显看上去是求赞。可以制造一个场景：如借用节日设计一个场景，先说自己在节日里已经送出了很多红包，想让能量流转，对第 88 位(其实是想要达到的目的)点赞者，送随喜红包 18.88 元，如图 4-5 所示。

(3) 销售文案

销售产品或服务需要赢得用户的信任，可利用品牌背书(背书一词源自银行的票据业务，是指转让票据时，原持有人在票据背面加盖自己的印鉴或者签名，以证明该票据真实有效，如果有问题就找原持有人。总起来说，背书就是替人做担保的意思。在网络上是指通过有知名度和权威的第三方给出的赞誉、支持，向别人说明，选择你没有错)、大咖背书、明星背书等方式，也可用自己的亲身体验来赢得用户的信任。如图 4-6 所示的文案巧妙地运用“网易云”，先说这是自己的一次运营作业，给自己布置任务；再用阿佳老师、弗兰克老师这样的大咖增加推荐的信任度；最后说：“感觉学完，我要彻底转行做运营了。”利用“运营”这个岗位，匹配效果。

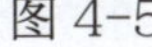

图 4-5

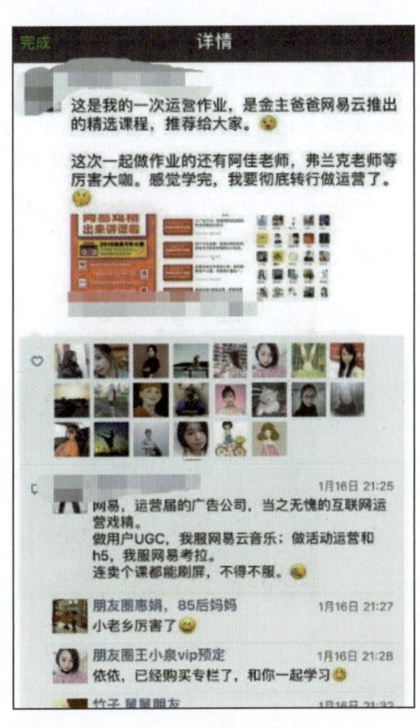

图 4-6

4. 朋友圈文案排版和配图技巧

发过朋友圈的人都知道，一篇文案最多可以配 9 张图，那么发朋友圈的文案是不是配图越多越好？什么样的文案排版和配图才最吸引人呢？

(1) 三秒吸睛法则

人们在快速浏览朋友圈的过程中，视线在一张图或者一段文字上的停留时间一般不超过 3 秒，因此发在朋友圈中的图片或文字，要在 3 秒内吸引住浏览者，他才可能实际观看全部内容。发在朋友圈中的文案，6 行之后的内容会被折叠，转发次数多了也会被折叠，甚至被屏蔽。因此在发朋友圈时，除非是极其让人上心的文案可以稍微长一些外，一般情况下，文字应尽量控制在 6 行内，能用 3 行表述就不要用 4 行。每一行的文字不要过多，对内容要反复提炼，做到简单明了，抓住重点。还要注意，在朋友圈中不要随意转发他人撰写的内容，要注意形成自己的语言风格。

(2) 配图

前面提到，一个朋友圈文案中最多可以配 9 张图。当配图数量为 2、3 张时，在朋友圈界面中会用并列的方式显示它们，分别如图 4-7 的左图和右图所示。

图 4-7

当配图数量为 4～9 张时，这些图形将拼在一个方框中显示，图 4-8 的左图和右图分别为配 4 张图和 9 张图(类似一个九宫格图形)的显示形式。当人们浏览朋友圈，遇到这类配图时，除非内容足够吸引人，一般情况下不会点开进一步浏览；而对于 1、2、3 张的配图，不用点开就能看清图片的内容，显示效果好，因此配图数量不一定越多越好。

图 4-8

当配图数量为 5 张、7 张或 8 张时，显示情况分别如图 4-9 的左、中、右图所示，这几种情况下，显示图形方框的右下方会空一个角，最好不要采用这样的配图方式。

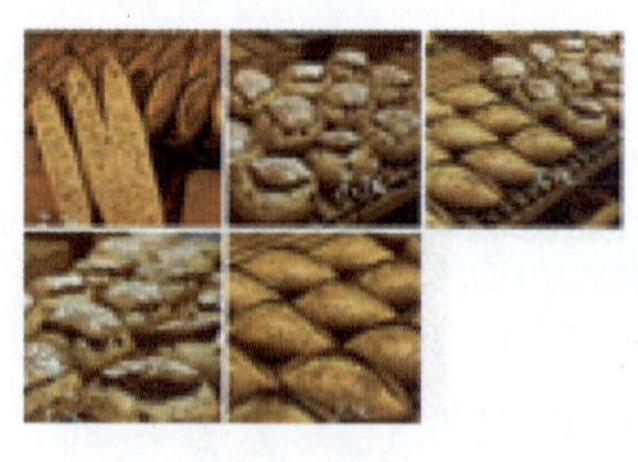

图 4-9

(3) 发朋友圈要做到聚焦

要想在朋友圈推广一个产品，可以采用连续介绍该产品的方式，以达到聚焦的效果。可以按产品的功能、价格、优势、使用效果等连发几条，只有引导浏览者产生了购买的欲望，才算是成功地推荐了一个产品。

在朋友圈发文案最好形成自己的时间点和风格，养成朋友们准时看你朋友圈的习惯。

5. 总结

要想打造一个变现能力强的朋友圈，需要从上述的多个方面打造自己的人设，抓住任何一个可以呈现你优秀人设的机会，让你发在朋友圈中的文案看上去有闲、有品、有趣、阳光、可信，这样才会有人羡慕你，信任你，跟随你，从而实现你通过朋友圈变现的目标。

4.1.2 社群营销文案写作分析

微信群的社群价值被很多人低估了，实际上，做微商，社群营销是一条很好的途径。例如，估值上千万的有书自媒体公众号，就是通过几十万个微信群发展起来的；再如知识 IP 大本营、Scalers 成长会、混沌研习社、十点读书会、大熊会、亦仁生财有术等，单靠在社群中营销，他们中的每一个在一年中也能挣几百万。现在，许多品牌实体店都拥有自己的用户社群。

1. 为什么要做社群营销

① 社群营销是一个品牌与用户进行沟通的较简单的营销方式，这种营销方式的成本较低，效率却较高。

② 对新用户来说，与其直接与官方沟通，不如先到官方的社群里咨询一下，这样做，心理上更容易接受。

③ 加入社群的门槛低，结合社群营销工具，可轻松实现传播，短时间内获取大量粉丝。

④ 在社群中很容易出现一方号召，多方响应的效应。

⑤ 通过社群可以搜索用户话题，通过在社群中互动，可以建立品牌氛围，培育忠实粉丝。

2. 社群营销文案的写作方法和技巧

(1) 写好第一句话

不管文案的措辞多精彩，图形多漂亮，要想对用户产生影响，第一句话都非常重要，那么怎样才能把第一句话写得出彩呢？

每一个文案都有它的目的，所以整个文案就要围绕着这个“目的”展开，为了让用户立刻明白你的意图，一定要把开头的一句话写成整篇文案的点睛之笔，要在这一句话中把之前学过的关于对用户进行分析的十八般武艺施展出来，尽可能埋伏下最多的响应用户心理的套路，这样才能让你的文案发挥最大的价值。

（2）尽可能以对话的形式表述内容

同样的内容，用对话形式表述比单纯的文字罗列更让人产生好奇和新鲜感。在文案中可以营造两个人正在聊天的场景，通常情况下，双向的对话能让读者心灵产生反应，冲淡阅读带来的疲倦感。

在文案写作之前，不妨在自己心中先假想一个双方关于内容的讨论，请朋友来真正讨论一场，也未尝不可。

（3）内容从“易”、从“简”

太高大上的东西会因为它的非比寻常而令人生畏，简单的东西，则会因为它的平易可亲而打动人心。对于文案的写作者来说，要有把事物简单化的能力。

在文案写作中，少用生僻的字词和专业的术语来解释活动和产品，不要自以为是地认为“用户一定会懂”。除了为吸引注意力而特地写的一些华丽的文字外，关键的信息应尽量用大众化语言表述，这才是吸引粉丝、引入流量的秘籍。如果把文案当成创作者的自说自话，则只会造成用户流失。

综上所述，写好文案的第一句话，让用户迅速了解关键信息，能确保在第一时间就精准筛选出用户；以令人放松的形式呈现文案的内容，引导用户在不经意间把主要信息了解完全；文案的内容要简单易懂，以保证用户在理解时不产生偏差，这样可以又一次把用户筛选一遍。

文案在社群营销中非常重要，它既是对社群活动的宣传，也是对用户的引导。

4.1.3 微信公众号文章写作分析

微信公众号是微信中一个重要的宣传途径，在公众号中可以发表长篇的文章，可以对一件产品进行详细的描述，除了植入软广告、推广宣传产品变现外，还可以通过广告流量变现。想要吸引大量粉丝关注并转发，公众号文章一定要有价值。写出一篇好的公众号文章应通过选题、行文、设计标题、排版四步完成，如图 4-10 所示。

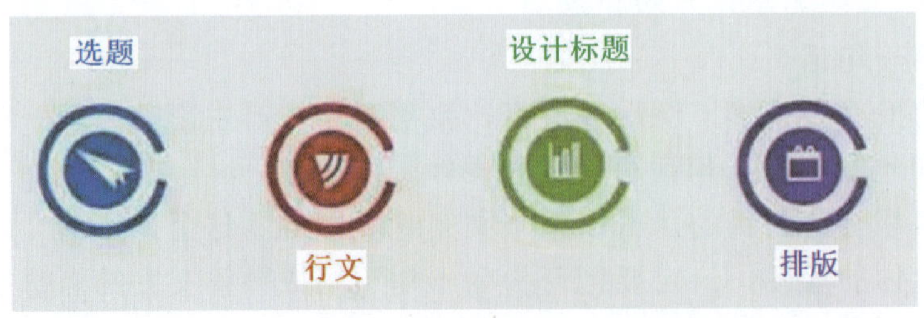

图 4-10

1. 选题

要写好一篇公众号文章，选题很重要，好的文采可以为文章锦上添花，但文采再好，也很难将一个烂题材点石成金。要选好题，应注意以下两个方面。

(1) 匹配用户的心理诉求

团队成员可以在每个月的月底通过头脑风暴，讨论确定下个月的选题，提前时间太长确定的选题不具备时效性。要做到能根据用户的心理诉求确定选题，需要对长期积累的数据进行分析，判断出选题方向。例如，关于“增加粉丝”“吸引流量”的文章会比较受欢迎；再例如，若定位的粉丝是宝妈，那么靠谱的育儿经验类选题就比较受欢迎。

(2) 找到合适的切入点

符合用户心理诉求的内容非常多，作者要找到合适的切入点，最好不要直接呈现内容本身，而是通过时下的某个热门话题进行创作。这里隐含着一种用户的微妙心理：他们确实有了解的需求，但是手指却会违背大脑，选择点击“更关心”而不是“更有用”的内容。出于同样的考虑，作者可以选择大部分人比较感兴趣的话题，比如讨论影视作品的话题。当然，影视作品只是切入点，文章的核心还应该是和产品相关的内容。

2. 行文

行文的过程可以类比为一次服务的过程。例如美甲，首先，应考虑怎么让客人感兴趣，把她(他)请进店来；其次，要考虑怎么把客人服务好，美甲的过程要让她(他)觉得舒适；再次，美甲的结果要让她(他)满意；最后，要让她(他)在迈出店门的那一刻获得强烈的满足感、产生深刻的印象。

(1) 如何引客

引客就是迎宾，体现在文章中是用开头的内容实现。好的开头内容，可以亲切自然，可以热情开朗，也可以幽默搞笑，总之，要讨喜，让人想对你文章内容有一探究竟的想法。例如《天才枪手》的影评可以像下面这样开头。

> 昨天，老板放了我半天假，让我去看《天才枪手》电影。看完后，我替老板深深感到担忧，因为我从电影里看出了商业世界的底层逻辑，有我这样的下属，他被篡权恐怕只是时间问题了。
>
> 趁老板今天不在公司，我偷偷把文章发出来，明天就删。读者们抓紧截图收藏，勿谓言之不预也。

这样幽默的开头，是不是会让人产生继续读下去的欲望？

(2) 如何给用户以阅读快感

这里讲的阅读快感是阅读体验的问题，阅读快感体现在以下三个方面。

① 流畅感。语言表述以容易看懂为前提，让用户读起来觉得流畅、不费劲，要做到这一点，一个好的指导思想就是：假设读者是一群小学生。

比如关于某个活动的进行方式，有下面两种表述方式。

原版：辣条的成本是 5 元，有三个消费者——富有者、一般人、囊中羞涩者，他们购买辣条的价格分别为 20 元、15 元、10 元。

改版：假设辣条的成本是 5 元，有三个消费者——富有者、一般人、囊中羞涩者，富有者购买要花 20 元，一般人购买要花 15 元，囊中羞涩者购买要花 10 元。

读原版表述，读者需要对三种人一一对应地进行思考；读改版后的表述，就不需要了。

改版的表述还可以进一步简洁，例如，配一个如图 4-11 所示的表格。

	富有者	一般人	囊中羞涩者
购买的最高定价(元)	20	15	10

图 4-11

② 情绪快感。有的作者在自己的文章中会刻意保持一种稳定的行文风格，给读者一致的情绪体验，如沉重、轻松、兴致勃勃等。可以通过对关键词加粗和配图等方式控制读者情绪的起伏来实现更好的表达效果。

③ 思维快感。举例说明这一点，假设“运营风向标”是一个定位为帮助用户学习成长的公众号，在文章中就要给用户很多恍然大悟式的思维快感。实现这一点的指导思想是：把自己变成用户，替他提出疑问，然后解决。例如在前面提到的关于销售辣条的文章中可以使用以下的表述。

> 为什么要设计这么复杂的活动，给我们找麻烦呢？告诉你：因为活动设计人歧视你！
>
> 那么定价 15 元就是最优策略吗？当然不是。
>
> 同样的东西卖三个价，不怕被人砸店吗？我告诉你，真的有办法。
>
> 万一富有者也来参加优惠活动怎么办？好的解决方案是：把优惠活动设计得麻烦一点儿。

当文章中提出问题时，用户可能产生如下的心理活动：“对呀！这是怎么回事儿啊？”当得到解答后，用户又可能产生如下的心理活动：“啊，原来是这样！”

思考一下，这样的阅读体验是不是非常愉快呢？

(3) 如何在最后给用户以满足感

近因效应告诉我们，人们往往对最后的印象记忆比较深刻，因此一个好的结尾至关重要。打磨结尾的出发点仍然是心理的概念诉求：他想要什么，在结尾处一定要给他。

3. 设计标题

如图 4-12 所示的标题就很有特色，亮眼的标题在提升点击率中扮演着重要的角色。

图 4-12

要想设计一个叫好和叫座的标题，首先需要明确什么样的标题是坏标题。

坏标题有两种。一种是平平淡淡，让人毫无点击阅读的欲望；另一种是虚张声势，虽然能吸引人点击，但文章中的内容却牛头不对马嘴，达不到读者的希望，阅读这样的文章会让读者觉得自己被骗了，好奇心就会转化为愤怒的情绪，恨不得当面骂几句写文章的人。

设计标题时置内容于不顾，是一种不负责任的行为。以情感类公众号为例，情感类公众号文章的首要职责是帮助用户宣泄情绪，既然要宣泄情绪，就要观点鲜明，这类文章的标题的职责也同样在此。

下面重点介绍设计不同类型内容文章标题的技巧。

(1) 技巧一：用户本位

站在用户的角度上，说他们的心里话，不进行包装。这种标题的优势是，用户一看到标题，心中就会出现一些想@的人，脑海中立刻腾起一股响应的欲望，而这种心理对提高点击率和提高转发率是非常有利的。

(2) 技巧二：挑战常识＋制造二元对立

符合常规的标题一般都是循规蹈矩的，而不符合常规的标题则可能是标新立异的。用户更愿意点击哪种标题呢？对打破人们常规认知的标题，无论用户是否认同它所体现的观点，都很难抑制想要一探究竟的冲动。设计标题，有时需要刻意构建二元对立的因素，有的对立是隐性的，有的对立则是显性的，在标题中应塑造出这种对峙和矛盾。

(3) 技巧三：悬念＋利益点

这类受欢迎的标题往往以长者的口吻进行表述：知心、善诱，为用户揭示生活的真谛和幸福的窍门。设计这类标题的常用技巧是让用户明白，看完文章后能得到什么信息，同时制造悬念，吸引点击。

(4) 技巧四：用户调查和反馈

为了给用户呈现简洁、充实的标题，建议每篇文章都设计 5～10 个备选的标题，最终选出被团队一致认可的标题。如果没有团队，也可以将所设计的标题分发给同事或者朋友，让他们投票选择。如果文章的读者不是特定的某专业人群，则把设计好的标题发给“圈外人”，让他们选择更有效果，因为他们不受专业固有思维模式的限制，当局者迷、旁观者清就是这个道理。

4. 排版

完成了前三步，还剩最后画龙点睛的一步——排版。

排版如给人做衣服，太薄则祛寒，过厚则苦热，因此不能草草了事。排版中要注意，不能过分夸张，要符合自身定位，追求一种整体的展示风格并长久保持，从而让自己的文章有辨识度。

排版效果好的文章，让人看起来神清气爽。在公众号里有一些非常有趣的文章，内容很精彩，但是版面凌乱，大段大段的文字罗列让人阅读时产生疲劳感，不能激发深度阅读的欲望，最终结果就是弃之不读。

对公众号文章进行排版和发布需要登录微信公众平台，可以通过百度搜索“微信公众平台”后登录微信公众平台，如图 4-13 所示。

图 4-13

登录微信公众平台后出现的界面如图 4-14 所示，在这个界面中选择“图文素材”，便会弹出公众号文案的编辑界面，如图 4-15 所示，在这个界面中既可以编辑公众号文章，也可以对文章排版(关于排版的方法，在后面还要较详细介绍)。

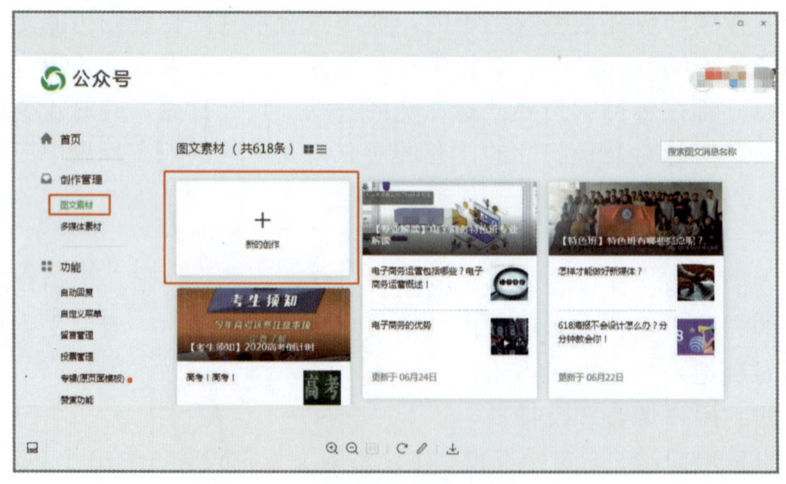

图 4-14

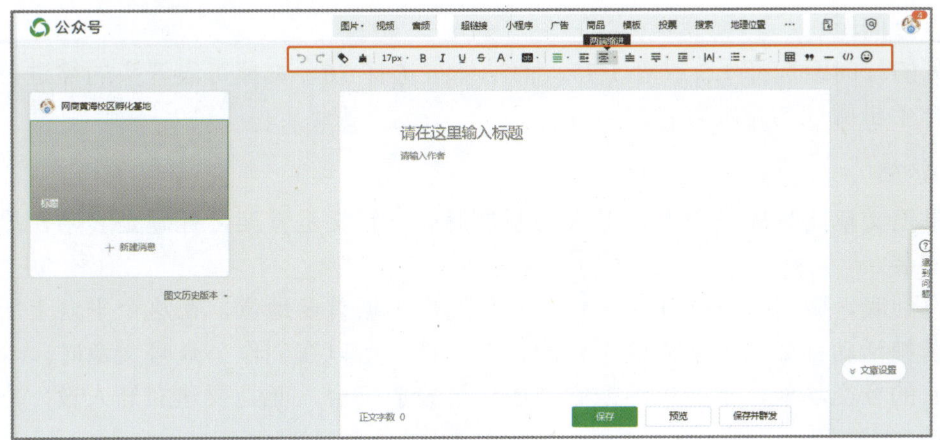

图 4-15

排版中应该注意的事项如下。

(1) 封面图

封面图很重要，它的作用是凸显主题，封面图的好与坏，影响后续的阅读体验，就好比一个宣传广告，如果海报设计得很低级，你还会去关注吗？

微信目前给出的配图规范如下。

① 单图文及多图文中首条消息配图的大小为 900px×500px，这里的 px 指的是像素。

② 多图文中非首条消息配图的大小为 200px×200px。

③ 安卓手机与苹果手机有差别，转发至朋友圈后会出现封面图被截断的现象，实际操作证明，将最关键的信息放在 500px×500px 的范围内最安全。当然微信在发展过程中也会不断更新平台规则。

(2) 摘要

摘要是标题的补充，可以让用户扫一眼就知道你要表达什么，同时不至于使你的文章被分享出去的时候，只是显示自动抓取的一句话。

(3) 配加图片

图片可以提高读者的阅读情绪，这体现在以下几个方面：图片比文字能承载更多的信息，两三段话才能描述清楚的事情一张图就能搞定；图片配得好，可以极大地提升文章的质感；长文读起来易产生厌倦感，在其中插入图片可以缓解阅读时紧绷的情绪。

(4) 文字格式

一般来说，正文文字大小选择 15px 最适合阅读，对手机来说，14px 的文字看起来略显吃力。如果文章内容较少，可以选择 16px。字体颜色最好不超过 3 种，颜色太多容易使文章显得凌乱和花哨，导致阅读的感觉不好。

（5）行间距

常见的行间距选择 1.5 或者 1.75，两端缩进选择 16，去掉每段开头的缩进，这是最适合手机阅读的排版方式。

5. 总结

如果把文章比喻成一个人，那么选题是灵魂，行文是骨架，标题是名字，排版是设计衣装。

归根到底，微信是一个社交平台，社交属性占据首要地位，在这个平台上所做的各种营销活动都要依附于微信平台的社交属性，所以在创作公众号文章时，一定要考虑它的社交功能，不能单纯把它当成广告投放平台，而是要建立好人设，先社交后营销。

4.1.4 实训作业

根据本节学习的内容，为自己选择一款产品，做好朋友圈定位，并为产品创作 5 条朋友圈文案，一篇公众号种草(网络用语，指“分享推荐某一商品的优秀品质，以激发他人购买欲望”的行为，或自己根据外界信息，对某事物产生体验或拥有的欲望的过程)文章。

4.2 小红书笔记特征分析与写作技巧

在小红书中写的文章称为笔记。

小红书社区每天产生大量的笔记，内容覆盖时尚、护肤、彩妆、美食、旅行、影视、读书、健身等各个领域。

在众多 App 中，小红书的带货能力首屈一指，拥有大量用户的小红书是商家和网红达人非常重要的营销阵地，如图 4-16 所示。如果你想在小红书平台占有一席之地，则掌握小红书笔记的写作技巧是一项必备的能力。

图 4-16

4.2.1 关键词

不同平台的规则不一样，脱离了平台规则讲技巧，大部分都会成为无用功。根据小红书平台的规则，写小红书笔记时，务必记住以下三点。

① 标题和正文必须包含关键词。

② 正文要分段，让用户读起来感到轻松。

③ 内容一定要具备实用性和可学习性。

和所有的平台一样，小红书也有自己的推荐机制，系统会抓取笔记中的关键词。

关键词是指用户搜索产品时，在搜索对话框中输入的词语，比如搜索美容方面的内容，“美容”就是一个关键词，搜索“美容”这个关键词弹出的页面，可能如图 4-17 所示，如果你的小红书笔记里有这个关键词，就会被搜索到。

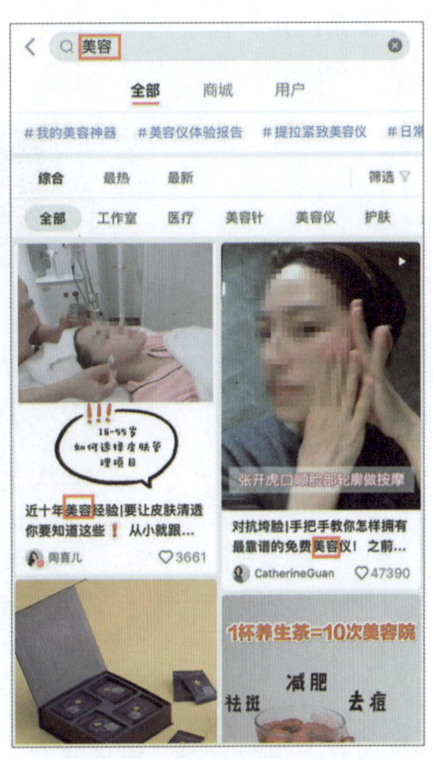

图 4-17

互动数据对排名很重要，对你的笔记的“评论”“收藏”“赞”（见图 4-18）的数值越高，用关键词搜索得到的结果中，你的笔记的排名就越靠前。

图 4-18

小红书达人老师建议，为了保证你的笔记成为一个真实分享类的笔记，而不是为了热度和营销推广去添加的标签话题，“适时”很重要。

4.2.2 小红书笔记组成

可以把小红书笔记的展示区域分为封面图、标题和正文三部分。为了便于理解，下面通过分析一个案例，介绍如何写好小红书笔记。

1. 封面图

封面图是用户在浏览小红书时最先看到的内容，封面图和它下面的标题共同承担着吸引用户注意力的功能，封面图不好，整篇笔记就失败了 50%。

通常在封面图中可以加一些引导性文字。本案例的封面图添加了文字说明，包括左上角的用户面临的痛点问题和右下角的解决方案。这是一个典型的图配文模式，如图 4-19 所示。

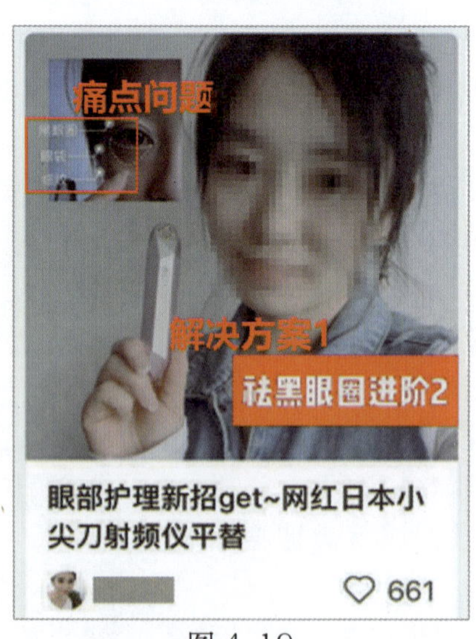

图 4-19

下面对图 4-19 进行解释：所谓用户痛点问题，指的是用户面临的困扰，如皮肤出现皱纹、呈暗黄色，体重降不下来等；所谓解决方案，指的是产品的卖点和它可以给用户带来的好处，如祛黑眼圈进阶。

2. 标题

标题和封面图一样，也很重要，它承担吸引用户注意的功能。广告大师奥格威说：“读标题的人平均为读正文的人的 5 倍。”这一点同样适用于小红书笔记，在拟订小红书笔记标题时应注意以下两点。

① 标题不能超过 20 个汉字(一个英文字母或标点符号算半个汉字)。

② 标题要包含关键词。在拟订标题时，脑子里要时刻装着关键词，比如要推广用于眼部的美容仪、眼部射频仪等和眼部有关的产品，标题中就应出现“眼部”这个关键词，如图 4-20 所示，图中红框内的文字就是关键词。

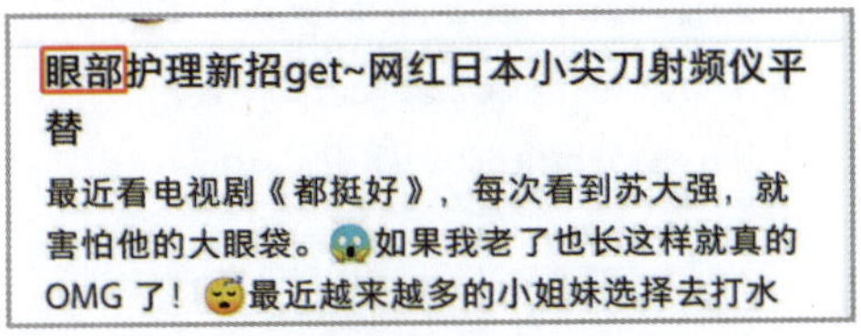

眼部护理新招get~网红日本小尖刀射频仪平替

最近看电视剧《都挺好》，每次看到苏大强，就害怕他的大眼袋。😱如果我老了也长这样就真的OMG 了！😴最近越来越多的小姐妹选择去打水

图 4-20

图 4-20 中所示的标题“眼部护理新招 get~网红日本小尖刀射频仪平替”的含义是，介绍一个平价的网红产品——日本生产的小尖刀射频仪，“网红”和“平替”是网络热词，前者表示本产品是一个网红产品，后者表示平价替代的意思，即产品的使用效果和奢侈品牌的同类产品相仿，但价格却较低。这里的“网红”和“平替”是为了增加标题被搜索到的概率而设置的两个词(小红书平台有它自己抓取标题关键热词的规则，为了在有限的字数内，增加标题被搜索到的概率，最好在标题中使用网络热词)。这个标题可以分为两部分，前半部分抛出一个诱饵，留下悬念，后半部分推出产品。用户看到前半部分，会被“眼部”这个关键词吸引住，此时他(她)已经知道这篇笔记会提供和眼部相关的内容，好奇心也被激发出来。紧接着，标题后半部分直接推出产品，告诉用户解决眼部护理的方案就是使用“小尖刀射频仪”这款仪器。现在，用户已经产生强烈的好奇心，想知道这款射频仪是如何完成眼部护理的。顺着标题，他(她)会进入正文，寻求答案。

通过这个标题，我们可以总结出拟订小红书笔记标题的公式：用户收益(包含关键词)＋解决方案。

3. 正文

和标题一样，笔记的正文也要包含关键词，同时要承接标题，告诉用户想知道的方案，如图 4-21 所示。

方框里的文字是正文中的关键词或者和关键词相近的词语。

因为小红书里的文章多采用笔记的形式，所以写这类文章时，最好以第一人称的形式进行叙述。

以下是对正文的分析。

第一段：以“我”的身份写笔记，拉近距离，同时说出和大家类似面临的眼部

护理困扰及发现的新的眼部护理方法。

第二段：使用“产品卖点＋用户收益”的模式，对产品特点进行总体介绍。

第三段：利用“产品使用方法＋使用体验”的模式，分步骤写出产品使用方法和使用后的效果，加深用户对产品的印象。

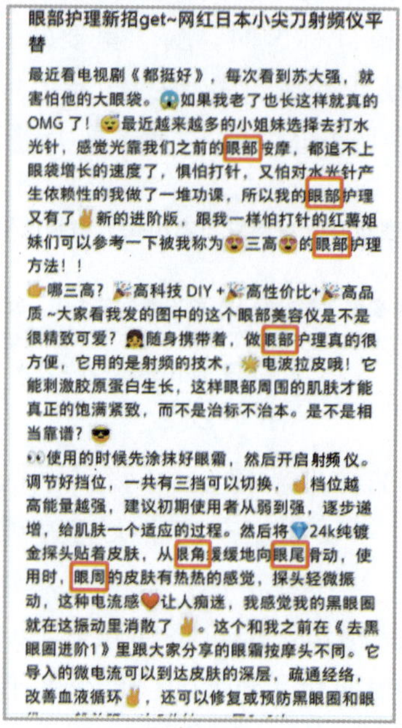

眼部护理新招get~网红日本小尖刀射频仪平替

最近看电视剧《都挺好》，每次看到苏大强，就害怕他的大眼袋。如果我老了也长这样就真的OMG了！最近越来越多的小姐妹选择去打水光针，感觉光靠我们之前的眼部按摩，都追不上眼袋增长的速度了，惧怕打针，又怕对水光针产生依赖性的我做了一堆功课，所以我的眼部护理又有了新的进阶版，跟我一样怕打针的红薯姐妹们可以参考一下被我称为三高的眼部护理方法！！

哪三高？高科技 DIY＋高性价比＋高品质~大家看我发的图中的这个眼部美容仪是不是很精致可爱？随身携带着，做眼部护理真的很方便，它用的是射频的技术，电波拉皮哦！它能刺激胶原蛋白生长，这样眼部周围的肌肤才能真正的饱满紧致，而不是治标不治本。是不是相当靠谱？

使用的时候先涂抹好眼霜，然后开启射频仪。调节好挡位，一共有三挡可以切换，挡位越高能量越强，建议初期使用者从弱到强，逐步递增，给肌肤一个适应的过程。然后将24k纯镀金探头贴着皮肤，从眼角缓缓地向眼尾滑动，使用时，眼周的皮肤有热热的感觉，探头轻微振动，这种电流感让人痴迷，我感觉我的黑眼圈就在这振动里消散了。这个和我之前在《去黑眼圈进阶1》里跟大家分享的眼霜按摩头不同。它导入的微电流可以到达皮肤的深层，疏通经络，改善血液循环，还可以修复或预防黑眼圈和眼

图 4-21

通过上面的分析，可以总结出写小红书笔记的 5 步法：“我”（“我”在实际上就是“用户”的代名词）的苦恼、“我”的问题、“我”的解决方案、“我”的体验改变、“我”的总结。

（1）“我”的苦恼

“我”的苦恼部分指出用户正在或即将面临的苦恼、痛点。

本案例和大多数小红书笔记类似，在开头就直接描绘几个场景，用“我”的口吻说出用户面临的苦恼、痛点，如图 4-22 所示。

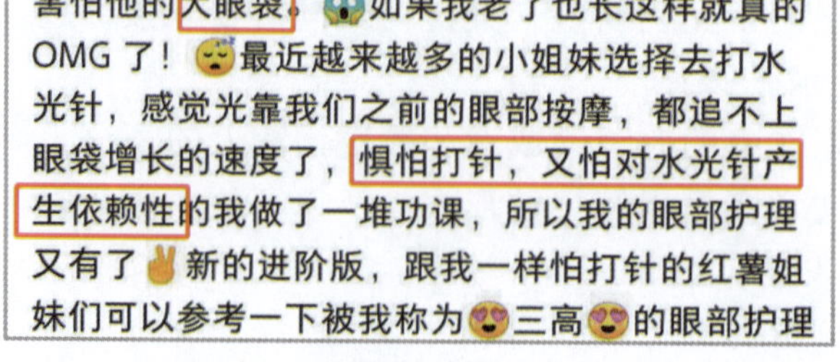

最近看电视剧《都挺好》，每次看到苏大强，就害怕他的大眼袋。如果我老了也长这样就真的OMG了！最近越来越多的小姐妹选择去打水光针，感觉光靠我们之前的眼部按摩，都追不上眼袋增长的速度了，惧怕打针，又怕对水光针产生依赖性的我做了一堆功课，所以我的眼部护理又有了新的进阶版，跟我一样怕打针的红薯姐妹们可以参考一下被我称为三高的眼部护理

图 4-22

苦恼、痛点：苏大强式眼袋＋惧怕打针＋担心产生依赖。

这里使用的技巧是描绘用户的痛苦。

(2)“我”的问题

“我”的问题部分指出用户面临的问题。

笔记中的“我”需要新的眼部护理方法，这其实是在引导用户向指定的点靠拢，让他(她)们意识到自己和作者一样，面临眼部护理的问题，如图 4-23 所示。

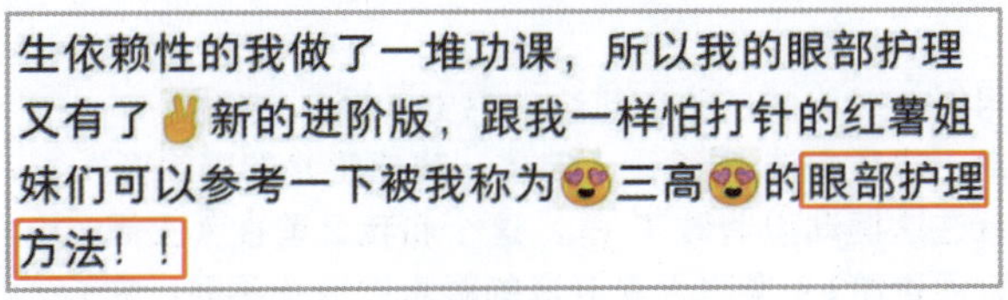

生依赖性的我做了一堆功课，所以我的眼部护理
又有了新的进阶版，跟我一样怕打针的红薯姐
妹们可以参考一下被我称为三高的眼部护理
方法！！

图 4-23

(3)“我”的解决方案

“我”的解决方案部分介绍为了克服问题，“我”采用的方法，这是笔记对产品的描述。

这一部分是笔记的一个核心，前面描绘了用户的痛点并勾起了用户的兴趣，他(她)们很想知道作者的解决方案，这时候作者要把产品或者推荐的内容告诉他们，如图 4-24 所示。在这里，作者把产品的使用作为解决方案推荐给用户。

哪三高？高科技 DIY +高性价比+高品
质~大家看我发的图中的这个眼部美容仪是不是

图 4-24

(4)“我”的体验改变

“我”的体验改变部分说明产品使用步骤和使用后的变化。

在引出了产品后，用户此时想知道，你是怎么用这个产品来解决问题的，他(她)们需要更多详细的信息，这一部分是笔记的另一个核心，通常要写产品的使用步骤和方法，可以按 1、2、3 为序号，分步骤写出产品的使用方法。

这一部分使用的写作技巧是：FAB 法则、认知对比、细节描写、感官体验。

① FAB 法则。FAB 是特点(Feature)、优势(Advantage)、益处(Benefit)的缩写，FAB 法则提供了一种经典的介绍产品文案的写作结构。使用 FAB 法则写文案的参考句型为：因为……(特点)，所以……(优势)，这意味着……(用户得到的益处)。

在写小红书笔记时，可以使用 FAB 法则来优化你的文章，提升说服力。

很多小红书笔记没有效果的一个重要原因是因为只单纯介绍产品卖点，而没把这个卖点转化成用户得到的益处。例如，若只写小尖刀射频仪使用了射频技术，用户看完后，不知道这个技术对他(她)有什么用，因此需要把这个射频技术带来的益处告诉用户。本案例中 FAB 法则的应用如表 4-1 所示。

表 4-1　案例中 FAB 法则的应用

产品	**F**：特点	**A**：优势	**B**：益处
小尖刀射频仪	射频技术、电波拉皮	刺激胶原蛋白生长	肌肤饱满紧致

② 认知对比。对比产品使用前后的效果，突出本产品的优势。

本案例的笔记中也使用了认知对比，先说眼霜按摩头的不足，再指出本产品的优势——微电流可以到达皮肤的深层，如图 4-25 所示。

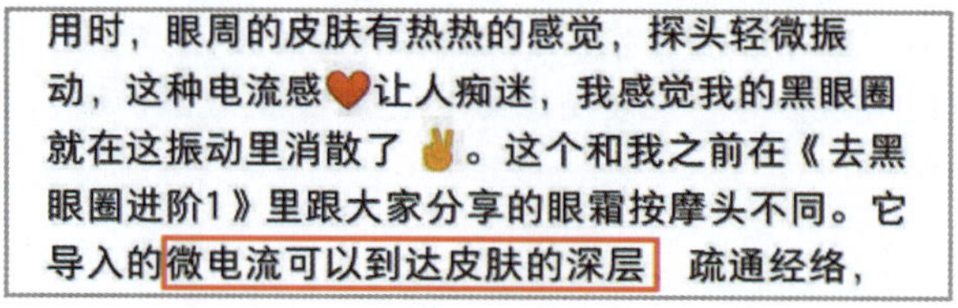

用时，眼周的皮肤有热热的感觉，探头轻微振动，这种电流感让人痴迷，我感觉我的黑眼圈就在这振动里消散了。这个和我之前在《去黑眼圈进阶1》里跟大家分享的眼霜按摩头不同。它导入的微电流可以到达皮肤的深层，疏通经络，

图 4-25

③ 细节描写：描写使用产品的细节，让用户加深印象。

要想让用户感知产品的使用方法，在描述时千万不要笼统，而要具体写出和它相关的细节，尤其是这种分享形式的笔记，细节描述更容易说服人。本案例中在叙述小尖刀射频仪的使用方法时，点出了眼角和眼尾，将用户的注意力集中到这两处。

这里还用了另外一个重要的技巧——制造画面感。最好让用户在阅读笔记后能获得一个生动的画面，因为画面感越强，用户接受起信息来就越直观和省力。动词是让文字鲜活起来的杀手锏。本案例笔记中，作者使用了“贴”“滑动”这两个动词，如图 4-26 所示，描绘出护理眼部的画面。

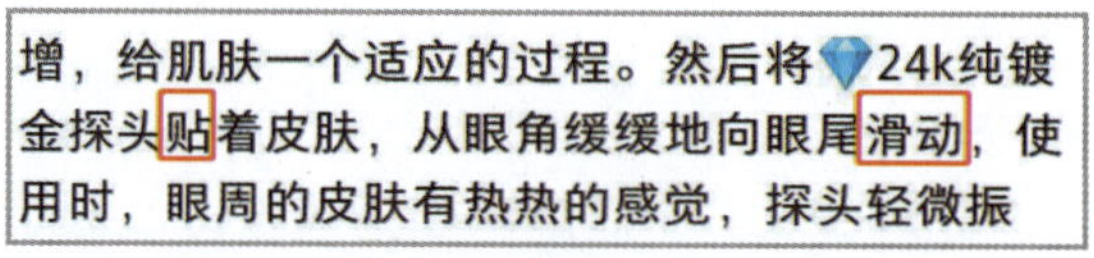

增，给肌肤一个适应的过程。然后将24k纯镀金探头贴着皮肤，从眼角缓缓地向眼尾滑动，使用时，眼周的皮肤有热热的感觉，探头轻微振

图 4-26

④ 感官体验。描绘使用产品时感官的感受——眼周的皮肤有热热的感觉，而不是直接写一个产品的功能，如图 4-27 所示。

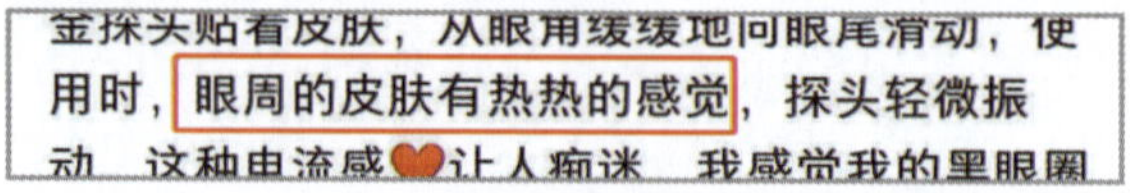

金探头贴着皮肤，从眼角缓缓地向眼尾滑动，使用时，眼周的皮肤有热热的感觉，探头轻微振动，这种电流感让人痴迷，我感觉我的黑眼圈

图 4-27

(5)“我”的总结

“我”的总结部分向用户分享使用产品的体验总结以及产品对用户的价值。

笔记中要总结对产品的评价，说明这款产品适合什么样的人群，以达到筛选精

准用户的目的。

本案例的笔记中，作者总结了使用感受——消除黑眼圈、吸收脂肪粒和价格便宜，其实它们就是用户购买产品的理由。

4.2.3 添加话题

在正文后面添加和主题有关的话题，本案例中添加的话题如图 4-28 所示。

图 4-28

以上的叙述对一篇小红书笔记进行了拆解，介绍了这个笔记中使用的多种文案写作技巧。如果多看几篇笔记，就会发现热门笔记的写作框架都是作者讲自己使用产品的故事："我"遇到了问题，非常苦恼，后来使用了某些方法/产品，顺利解决了这个苦恼，现在"我"把这些方法/产品分享给面临同样苦恼的你。

如果能在小红书笔记中讲好一个故事，这个笔记就会有说服力。奥美广告前创意总监、著名的广告导演卢建彰说："故事是最有力的武器。"所以，要想写好笔记，不妨试试学会讲好一个故事。为了讲好一个商业故事，可以使用 SCQOR 故事结构。

S(Situation，状况)：介绍主角和目前的状态。

C(Complication，混乱)：描写失去稳定状态后的混乱，确定问题类型。

Q(Question，问题)：说明问题对主角而言意味着什么。

O(Obstacle，障碍)：描述替代的方案并描述克服障碍、解决问题的过程，这部分是整个故事的核心也是篇幅最长的部分。

R(Resolution，解决)：把解决困难的方法作为答案，用作收尾。

其中 S、C、Q 是故事的导入，O 是故事的核心，R 是故事的结尾。下面主要强调怎样写好 S(设定状况)这一部分，要写好这一部分需要满足以下 4 点。

① 介绍故事的主角，小红书笔记里的主角通常就是作者本人。

② 描述发生的状态(好坏都算)。

③ 明确故事范围，也就是明确小红书笔记里关键词代表的主题。

④ 激发用户共鸣和认同。

前面所叙述的写小红书笔记的 5 步法和 SCQOR 的对应如下。

S、C——"我"的苦恼，看到苏大强，害怕有和他一样大的眼袋，现有的方法难以解决。

Q ——“我”的问题，怎么避免苏大强式的眼袋。

O ——“我”的解决方案＋“我”的体验改变，使用小尖刀射频仪。

R ——“我”的总结，小尖刀射频仪可以消除黑眼圈、吸收脂肪粒和价格便宜。

通过这样的结构，我们就可以清晰地梳理出创作一篇小红书笔记的大致脉络。简单说，小红书笔记就是作者讲述自己克服某个困难的故事经历。

以上通过一个案例，详细分析了小红书笔记的构成和特点。一篇变现能力强的小红书笔记，从封面图、标题到正文，能击中用户的痛点，递进式地引导用户阅读，并帮助用户解决这些痛点，这样的笔记对用户而言是有用的，能够引起用户的兴趣，达到销售产品和推广服务的目的。

4.2.4 实训作业

根据本节所学内容，挑选一款自己熟悉的产品，创作一篇小红书笔记。

4.3 抖音文案特征分析与写作技巧

不仅在图文平台发表内容需要文案，在短视频平台上发表内容同样也需要配文案。文案对于短视频就像调料一样，再厉害的大厨离开了调料也很难做出好吃的食物。在短视频不出彩的情况下，好的文案或许能够扭转乾坤；而在短视频已经相当精彩的情况下，好的文案更是能起到锦上添花的作用。

4.3.1 抖音文案写作基本原则

抖音上曾经有一个十分火的短视频，内容是一个人坐在租借的车里看到的窗外情景，画面中呈现的是周围呼啸而过的车辆、逐渐后退的行道树、灰扑扑的天空、匆忙行走的路人，这是一般人坐车时都能够看到的画面。

这个短视频的内容平淡无奇，画面也不好看，既没有突发的状况，也没有能吸引人眼球的关注点。可是文案写的是“背井离乡来到这座城市已经四年了，还是一无所有。明天又要交房租了，感觉快要撑不下去了。看到的朋友能给我点个赞，鼓舞我一下吗？”

看到这样的文案，再配上车窗外的情景和城市的繁华，观众的脑海里立刻就能浮现出一个心中孤寂、生活艰难的城市流浪者的形象，一个外地人在远离家乡的城市中打拼的日子都不会太容易，许多人多多少少都会有这点共识，所以这个短视频很快就有了 40 多万点赞。

为什么这个十分平淡的短视频能够取得这么多点赞呢？答案就是文案写得好。

这个案例足以说明文案的重要性。要想让文案起到扭转乾坤或锦上添花的作用，一个重要的基本原则就是：调动用户情感，让他和你产生共识。

上述的文案能够取得那么多点赞，其本质便是调动了大家同情的心理，“假如小小的一个点赞就能鼓舞你坚持下去，我何乐而不为呢？”详细分析一下这个案例成功的原因就是，首先找到用户在某个场景里存在的一个痛点(外地人在异地城市里打拼的艰难)，然后针对这个痛点，引发用户产生共识，激发他们产生对作者给予鼓舞的行动。

4.3.2 易引发用户产生共识的四种情感

较易引发用户产生共识的情感有支撑、批评、反击和鼓舞四种。

1. 支撑

阿迪达斯有个主题为“这便是我”的系列广告。策划这个广告的人发现，许多年轻人常常被人指傲慢、浮夸、天真等。所以阿迪达斯直接在广告里说：“太不巧，这便是我。”

上面提到的一类年轻人，经常会面对指责、质疑和否定，这条广告其实是在帮这类年轻人合理化他们十分个性的行为。假如你看到这条广告，认识了他们的心理，然后站在他们一边，想办法合理化他们的行为，他们就会觉得你是自己人，在感情上认同你。这也是阿迪达斯在抖音上能成为运营比较好的品牌方的原因：它能够让年轻人找到价值认同。

2. 批评

老罗英语训练有一个知名的广告在一开始说：“人民币一块钱现在还能买些什么？然后他给出了几个选择：一头蒜、一个打火机、一张报纸等。”

这个广告最后的一句是：“或许一块钱，你能够来老罗英语训练听八次课。”这让人们能对课程的价格产生好感，用户会觉得很值，可以试试看。

人们在社会上会遇到不合理的现象，许多心理学研究表明，假如你能把这些不合理现象指出来，并且协助用户批评、惩罚这些不合理，会让用户对你产生更多的信任感。

3. 反击

在日常生活中常常会遇到朋友借钱不还，室友太烦人，同事没礼貌，上级太严苛等。直接帮用户反击这些行为，会让他们感到愉悦，然后对你产生共识和好感。

4. 鼓舞

这方面最典型的便是 Nike 的文案："Just do it！"它鼓舞用户拒绝延迟，想到了就要马上去做，鼓舞用户战胜自己的心理障碍，让他们意识到拖沓的错误。

几年前每逢春节，许多品牌都会打一系列关于春节回家的感人广告，其中有的广告讲述的是：爸爸妈妈一整年就盼着春节放假的这七天，在你回家前的几周，他们就开始计划做什么菜，筹划怎样度过大年夜，而你可能因为加班回不了家。这时，用户心中的痛点是加班很忙碌，回不了家很内疚。广告暗示用户主动去战胜内疚，这就是一种鼓舞。

很多的成功学演讲，也是靠鼓舞来创造共识感的。例如，苹果公司的 CEO 库克在杜克大学的毕业典礼上做了《Do something》的演讲，针对大学生普遍存在的迷茫和不安于现状的焦虑等问题，鼓舞他们要无所畏惧，做最不安于现状的人和第一个行动起来的人。许多人常常在听完这种成功学的演讲后，就会有打了鸡血一样的感觉，产生一种受鼓舞的共识心情。

想让用户产生共识，就要找到用户在某个场景里存在的一个痛点，然后针对这个痛点，表达自己的态度，给用户提供支持、批评、反击和鼓舞的情感协助，用户才能与你产生共识。

4.3.3 各类抖音短视频适用文案分析

掌握以上使用户产生共识的原理，将它们运用在抖音短视频上，能够衍生出互动、叙述、悬念、段子、共谋、恐吓等类型文案。

1. 互动类

在互动类短视频的文案中可以应用疑问句和反问句，并且多留一些开放式问题，激发观众的互动欲望。

例如，"你能打多少分？""你觉得这个怎么样？""有你喜欢的吗？""你还想知道什么，留言给我。""我做错了什么？""你们说我能怎么办啊？""你能说出你在班上男同学眼里是什么形象吗？"

看到这种开放式的问题，许多人就会自然地去回答和互动，这样，互动效果就会比较好。

2. 叙述类

叙述类短视频的文案可以选用富有场景感的故事或段子吸引人，在这类短视频中，不能自顾自地讲故事。

例如，“认识了两年的一个理发师，只能在走廊里抽烟吃个外卖，漂着的人都不容易啊。”这样的叙述，为用户展现了一个画面感很强的场景，让用户似乎置身其中，也较易引起用户共识。

3. 悬念类

悬念类短视频可能在视频最终一秒设置转折，这样可以获取用户更长的页面停留时间。

例如，“一定要看到最终啊！”“最终那个结果笑死我了，哈哈哈！”“最终一秒颠覆你的三观！”。

4. 段子类

段子类短视频文案的内容甚至可以与短视频内容无关，但需要有很强的场景感。

例如，“听完这首歌我拿出我爸的香烟，想显示自己是个经历了沧桑的男人，美好的画面在我妈提早来到的那一刻定格了，当我俩四目相对时，我并没有紧张，而是眯着眼对我妈说，小芳，这么早就来了？那天是我第一次住院。”这种文案的幽默就很好玩，也能够激起用户的反应。

5. 共谋类

共谋类短视频的文案可以表达勉励、同情、真善美等。

例如，“3 个月从 160 斤减到 112 斤……原来我能够做到……”人们希望别人看到的自己是自己所期望的那个样子，所以假如你能与他共谋，他会拒绝变得更好吗？

6. 恐吓类

恐吓类短视频的文案就是那种让你自我置疑的临门一脚。

例如，“每天都在吃的水果，你真的懂吗？”“每天敷面膜，你不怕吗？”

这类文案效果非常好，看到这类文案，用户一般都会把短视频看完，因为安全问题宁可信其有，不可信其无。

4.3.4 添加音频字幕

同一个账号、同一种性质的内容，对有字幕和没有字幕的两个短视频，点赞、评论、转发数量相差甚远，显而易见，有字幕的短视频吸引粉丝效果会更好。

人们在看电视或电影的时候，尽管注意力主要集中在画面上，但是即使演员讲的是中文，观众也会下意识地去看字幕，尤其是对于综艺节目，优秀的字幕更是能加分不少。

这一点也适用于抖音短视频，把短视频的配音或者歌词内容用字幕展示出来，可以让用户更好地记住这个短视频，甚至更容易让用户产生共鸣，从而进一步引发用户进行点赞、评论、转发。

4.3.5 实训作业

根据本节所学习的内容，制作一个短视频并为它配上文案。

4.4 社会化媒体文案特征分析与写作技巧

4.4.1 文案种类分析

如今，广告文案(以下简称文案)无处不在，路边的灯箱上、公交车的移动电视里、地铁广告牌上、购物网站上、图书封面上、饮料瓶上，随处都可以见到文案的身影。不管是被动还是主动，有意识还是无意识，我们每天都会接触到林林总总的文案信息。

用户只选择自己感兴趣的或者有需要的文案来阅读，其他的就直接忽略掉了。对于文案作者来说，需要了解各类文案的创意和写作技巧。不同类型的文案，创意和写作技巧不同，适用的场景也不同。因此，首先要弄清楚文案的种类，才能更好地归类、分析和利用。

下面以文案内容的表现形式为基础，对文案进行分类，并阐述每一类文案的特点和创作技巧。

1. 情怀式文案

情怀式文案以情动人，引发共鸣。

情怀指含有某种感情的心境。七情六欲人皆有之，人们在社会中感受着生活与工作的多重压力，在身心疲惫时，诗与远方就成了许多人的追求。海子的一首“面朝大海，春暖花开”，把人们对理想生活的向往表达得淋漓尽致；而科比的金句“你见过凌晨四点钟的洛杉矶吗?”，曾激起许多年轻人为理想奋斗的信念。

情怀式文案利用并迎合了人们的这种心理，以感情、理想、未来、人生、奋斗、追求、幸福、美、怀旧、自然等作为创作元素，配上凝练的文笔、唯美的文风，直击用户内心最柔软的部分，激起情绪反应，引发情感的共鸣，从精神上赢得用户。

正因为情怀人人有之，走情怀路线的文案也就成了最常见的文案类型，无论什么行业、什么品牌、什么产品、什么场景，随处可见情怀式文案的身影，甚至处在过于泛滥的状态，这样反而造成用户审美上的疲劳和麻木。并非所有的文案都适合走情怀路线，情怀式文案最佳的运用场合是需要传递、深化企业或品牌的文化和理念，塑造独特的形象和个性时。

苹果公司 1997 年推出的广告《Think Different》（非同凡响），见图 4-29，这个广告文案向用户生动讲述了如爱因斯坦、马丁·路德金、阿里、甘地、毕加索等疯狂的人物，他们富有远见而又特立独行，想法另类甚至不被理解，但他们都用自己的方式影响了世界，以此证明差异并不是一件坏事。

这则广告文案利用人们追求个性、追求理想、想要获得成功的情怀，把苹果独特的品牌形象——创意、革新、与众不同(独立的操作系统)，深深嵌入到受众群体心中，传递了品牌的理念和企业文化，虽然它备受质疑(许多用户认为它不能胜任“真正的”运算工作)。

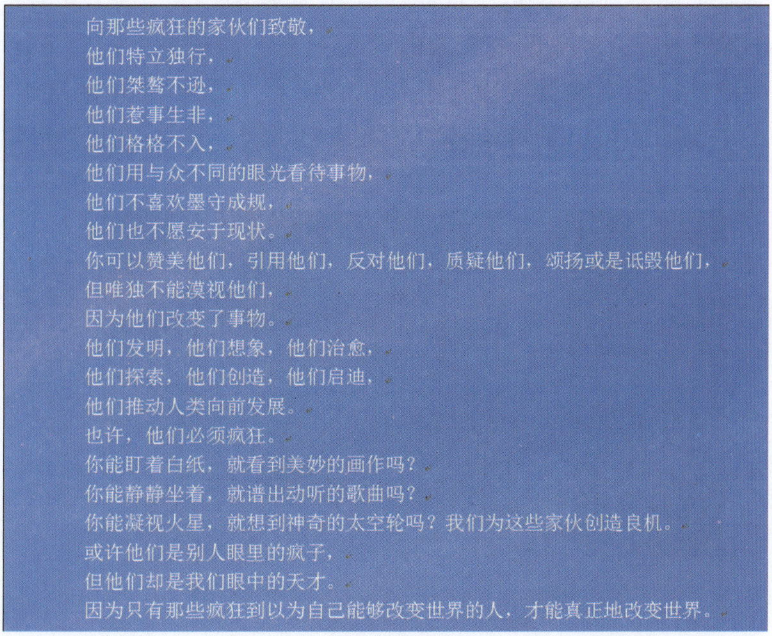

向那些疯狂的家伙们致敬，
他们特立独行，
他们桀骜不逊，
他们惹事生非，
他们格格不入，
他们用与众不同的眼光看待事物，
他们不喜欢墨守成规，
他们也不愿安于现状。
你可以赞美他们，引用他们，反对他们，质疑他们，颂扬或是诋毁他们，
但唯独不能漠视他们，
因为他们改变了事物。
他们发明，他们想象，他们治愈，
他们探索，他们创造，他们启迪，
他们推动人类向前发展。
也许，他们必须疯狂。
你能盯着白纸，就看到美妙的画作吗？
你能静静坐着，就谱出动听的歌曲吗？
你能凝视火星，就想到神奇的太空轮吗？我们为这些家伙创造良机。
或许他们是别人眼里的疯子，
但他们却是我们眼中的天才。
因为只有那些疯狂到以为自己能够改变世界的人，才能真正地改变世界。

图 4-29

2. 功能型文案

功能型文案挖掘产品亮点，展示实力，这种类型的文案围绕产品自身的功能、特点、性能、质量、用途、包装、售后服务等内容进行创作。

功能型文案采用直白的表现形式，将品牌产品最有特色、最具优势的内容告知用户，传达品牌产品的实际情况，用来与主要竞争对手或者其他同类产品进行区分，让用户增进对品牌的认知和理解，形成独特的记忆点，留下深刻的印象。功能型文案可以直接触发用户群体的需求，或者创造出新的需求，以达到销售的目的。

我们非常熟悉的空调广告文案“格力，掌握核心科技”，就是一种比较典型的功能型文案，它传达出格力拥有强大的产品研发、生产、制造工艺和技术的特点，而它们正是格力核心的、关键的特点。通过这样的广告用语，很好地展示了格力公司产品的实力，告诉用户：我们生产的空调质量非常棒。

当然，写出这样的文案，需要充足的事实根据，格力确实掌握着“新一代 G10 低频控制”“高效离心式冷水机组”和“新型超高效定速压缩机”等技术，因此“掌握核心科技”可以成为其产品的亮点。

如果过分夸大甚至无中生有地描述产品的功能，与用户对产品的真实体验不相符，则非但不能起到有效的传播和营销效果，还会让用户有上当受骗的感觉，影响整个品牌形象。

功能型文案适合具有竞争优势、拥有独特功能点的产品和新产品、新功能、新包装等的上线发布和推广。

奥格威为劳斯莱斯新款轿车撰写了如图 4-30 所示的广告文案。其中有如下的表述：“在时速 60 英里时，这款新的劳斯莱斯汽车上最大的噪声来自电子钟。”为了表达这款新车的优越性能，文案直接营造了真实的场景“以 60 英里的时速行驶”，暗示用户：如果你不相信，可以亲自试试，表达出对于自家产品功能的自信，用户自然会更加信任。

图 4-30

创作功能型文案要十分慎重，在写作过程中，要善于提炼产品亮点，还可以加上具体的数据或者真实场景来加强说服力。

3. 自黑式文案

自黑即自嘲，自黑式文案以自嘲的方式进行创意和写作。恰到好处的自黑，能让人会心一笑，它是幽默的最高境界，也是一种有效的沟通方式。

自黑式文案以一种反其道而行之的逆向思维进行创作，它能够让文案更接地气，有利于缩小与用户的距离。这种文案中或幽默、或卖萌、或恶搞的文字表述方式，能使整个文案变得生动活泼、趣味十足。在看多了一本正经的文案后，当用户接触到如此另类的文案时，自然会有眼前一亮的感觉。

自黑式文案往往是先放下身段，“自毁形象”，自我调侃。把产品中看似没那么紧要的缺点，比如有点儿与众不同的外观、比起同类产品要稍微复杂一点儿的操作步骤等作为元素，通过一番自嘲、自黑的描述之后，用“虽然……但是……”的句式来个转折，引出最后的亮点，即产品的优势。这里的自黑起到了很好的铺垫作用，在把用户带进文案后面的描述时，不会显得突兀。

大众甲壳虫汽车的一张海报里展示了一个探测器，如图 4-31 所示，海报中的文案是：“它很丑，但是它能带你去想去的地方”。海报中的探测器看起来确实不怎么美观，但它却能帮助人类进行更遥远的探索。甲壳虫汽车也是如此，外表不起眼甚至有些难看，但并不影响它强大的实用性，它能给你带来驾驶的便利和好处。

图 4-31

编写自黑式文案时要注意，一定要掌握好自黑的技巧，不能盲目自黑，不然就真的成了贬低自己了。

4. 故事型文案

故事型文案是以叙述事件的方式创作的文案。

人们喜欢看小说、看电影、追电视剧，并且常常会沉浸在剧情里面，当人们把自己代入某些场景或者想象成某些人物时，情绪也会随着情节的发展而不断变化，这说明故事有极强的渗透力和感染力。

一篇文案不可能用很长的篇幅对故事进行铺设，通常都是以简单的人物、场景、对话(或陈述)来展开的。文案中的故事可以是真实的，也可以是虚构的；可以是文案作者自己经历过的，也可以是品牌、产品、消费者、代言人、创始人甚至路人经历过的。

好的故事型文案善于洞察人心，它们或以设置悬念的形式，激起用户好奇探究的心理，引起阅读全文的兴趣；或以峰回路转的形式，让用户有一种“猜中了开头却没猜中结尾”的意外感，从而被其折服，留下深刻的印象；或以感人的情节，调动用户的情绪，引发用户内心的共鸣；或描述真实的场景和经历，使用户感同身受，主动把自己代入到文案中叙述的人物和场景里面，抒发内心的感情。

奥美为左岸咖啡撰写的长文案《上帝、彩票、盲乐师》中，“我”旁听着侍者与邻桌讲述盲乐师致盲的经历，同时亲眼看到所述主角在咖啡馆淡定、自然的表现以及跟侍者的互动，惊讶于他的乐观，接受并适应着生命的不公。三百多字的文案，没有跌宕起伏的情节，娓娓道来的文字也并不华丽，但足以深入读者的内心，读者在深深佩服这位主人公的豁达与乐观后，对自己的人生也会进行一番思考。借助这样的故事，传递出左岸咖啡温暖、执着的情怀。

总的来说，故事型的叙述适合在长文案中使用，与情怀式文案一样，最适于传递品牌/产品的理念和文化，树立品牌的形象。

5. 互黑型文案

互黑型文案是近几年来比较常见的一种文案类型，起因往往是一家产品或品牌在其文案中直接给出了对手或其他同类品牌的名称，并进行了或明或暗的比较，被写上大名的品牌，自然开始以文案进行反击，于是，互黑型的文案就产生了。

但我们会发现，通常这些互黑型文案都比较温和与有度，不会引发真正互伤的大战。因为品牌商之间互黑，并不是要弄个你死我活，非得分出胜负，互黑的至高境界和最终目的是引燃话题，吸引大众的眼球，这种互黑可以说是某种意义上的双赢。

比如，几年前，Jeep 推出过主题为“每个人心中都有一个 Jeep”的系列海报，如图 4-32 所示。

图 4-32

可以看到，海报上列出了宝马、奔驰、大众三个品牌的名字，并以鸡汤式的双关文案将它们全黑了一遍。三家品牌强势回应，并掀起了文案互黑大战，众多其他汽车品牌也纷纷加入战局，围观群众看得不亦乐乎。所有参与这场大战的品牌都得到了一次大曝光，共赢得相当漂亮。

另外，也会有友商之间互帮互助，你提到我，我提到你，你@我后，我@你，在观众面前上演温情偶像剧。

例如，2016 年里约奥运会期间，宝马中国在其官方微博上发布了一张海报，撰文“最伟大的成就是与最伟大的对手并肩拼搏。今天，致最好的朋友！@梅赛德斯-奔驰”。而几乎在同时，奔驰也在官方微博发出海报，撰文“最伟大的比赛是和最伟大的对手一起创造。今天，致最好的对手！@宝马中国”。

这样的文案引来一大波吃瓜群众(网络用语，以自嘲的形式表示一类不发表意见，仅仅围观的人)围观，在文案、广告界也引起了轩然大波，大家尽情调侃，并开始模仿，互相喊话，非常热闹。这次对手之间的互动文案效果很好，这是一次极其成功的竞争对手间的文案互助。

总结以上叙述可以得出如下的结论：不管是哪种类型的文案，最终都是为了达到宣传自己的目的。想要写出好的文案，除了熟练掌握文案的类型和写作特点外，还要深入理解产品的品牌、理念、文化等，找到宣传的契合点，才能产生好的效果。

4.4.2 新媒体文案写作技巧

在了解了文案的类型之后，还需要掌握一些写作文案的技巧和方法，才能快速写出好文案。

微博内容植入、微信海报、产品动画脚本、可传播的病毒视频、活动宣传单页、户外广告、论坛帖、公关新闻稿、电线杆上的小广告、骚扰短信、朋友圈的代购刷屏等，不管有效无效和采用什么载体，都可以视为广告文案。

新媒体时代，文案写作似乎成了一条通向财务自由的康庄大道，很多人也都想开个公众号、头条号、知乎号、微博号等写写文章，获取一些收入。

特别是那些在学生时代作文写得不错的人，码起字来双眸放光。可是很快，他们就被现实打了脸，辛辛苦苦写了几万字，阅读量却始终是个位数。

他们不服气："我已经读过几千篇推文，一眼就能看穿其中的套路，虽然没吃过猪肉，但猪已经在我眼前跑过无数次了。为什么我写的文章就没人看呢？"

这是因为，他们每次看见套路后就点到为止了，没有继续深挖其中的规则与奥秘。多年前引以为傲的作文技巧，已淹没于时代的洪流之中。要想实现从读者到作者的飞跃，除了积累阅读量和写作量外，还要掌握当代新媒体文案的写作技巧。

1. 丰富写作素材

巧妇难为无米之炊，要想写一篇优秀的文案，就要有丰富的写作素材，以下介绍积累素材的几种方法。

① 日常积累：像写读书笔记一样，及时记录和收藏未来可能用到的素材，包括：亲身经历、朋友圈、电影、综艺、微博热搜、知乎热搜、热点事件等的网友评论。

② 用好搜索渠道：所有的新媒体频道都可以运用起来，包括：微信内部搜索、微博搜索、知乎搜索、百度搜索、小红书搜索、得到 App 搜索等。

③ 分类整理：按照文章的构成分类整理，包括：标题、金句、观点、故事、图片、视频、表情包、音乐等。

2. 写好开篇

开篇一定要精彩、有趣。开篇可以热情洋溢，也可以幽默搞笑，不管哪种形式，一定要抓住关键 30 秒，吸引读者产生兴趣，下面介绍两种经典的开篇。

① 用简介的白描开篇。

> 北大硕士毕业，还是有很多想不清楚的问题，一来二去就送了外卖。

选自《一个北大毕业生决定去送外卖》。

② 用经典的金句开篇。

> 人到中年的男人，时常会觉得孤独，因为他一睁开眼，周围都是要依靠他的人，却没有他可以依靠的人。

选自《男到中年，不如狗》。

3. 优化主体内容

创作文案时要对主体内容进行优化。

对主体内容进行优化指提高写作技巧、配好关键词、配好图、排好版等。优化主体内容的三个原则如下。

① 结构合理：通过分段、插图等，降低读者的理解成本。

② 节奏明快：要适应碎片化阅读环境。

③ 避免自嗨：多站在读者的认知层面考虑，体会读者的兴趣点和理解力。

4. 精彩结尾

结尾不可草草了事。为了留住粉丝，提高互动率，可以通过以下三种方法撰写精彩的结尾。

① 升华情绪。

> “大圣，此去欲何？”“路南天，碎凌霄。”
>
> “若一去不回？”“便一去不回！”

选自《我承认，我们是有组织攻击马蜂窝的》。

② 引发讨论。

> 你看，大部分中国女人都不想找穷男人结婚，而大部分有钱男人，都占据了上面这三类，如果你非要选一个，你选谁？

选自《如果世界上只剩下吴秀波、李晨、刘强东，三选一，你选哪个？》。

③ 总结观点：

> 不要嘲讽那些比自己更勇敢、更有热量的人们。可以卑微如尘土，不可扭曲如蛆虫。

选自《我没病，是这个世界病了》。

5. 推送前的检查

写作是一项很精细的工作，要以精益求精的态度对待自己写的内容。

用户看到文案就像看到了作者，不能给用户留下不好的印象，要杜绝出现错别字、排版错误等问题。发布文案前，应按表 4-2 所示的项目进行检查。

表 4-2 发布文案前应检查的项目

序号	项目	序号	项目
1	是否有错别字	5	二维码是否可识别
2	标题表达是否准确	6	文章摘要是否恰当
3	封面图的分享效果是否良好	7	原创标识和作者栏是否有误
4	版面风格(字号、行距、空行、对齐形式)是否协调统一	8	图片的版权及水印是否有误

6. 新人写作的注意点

新人写作时要注意以下几点。

① 看同行：关注同行动态，多练习、多实践。可以先制定一个阶段小目标，持续输出垂直内容，然后找到适合自己的写作方式。

② 勤模仿：对于没有写作经验的新人来说，模仿也是一种积累经验的方式。在创作前期，没有写文案的经验时，可以模仿同行和大咖们的写作方式，虽然他们的

写作方式可能和新人一样，但是他们的经验比新人丰富，可以模仿他们的写作技巧，学习他们的引导语写法和配图、排版方法等。当有一定经验的时候再树立自己的风格，打造有自己特色的内容。

③ 重传播：文案要简易明了，直击人心，便于记忆，易于传播。写文案时先给用户画像，可以根据年龄，把用户分成三类：20 岁以前的、20 岁到 40 岁的、40 岁以上的；然后再根据每个年龄段用户心理的不同需求，从不同的角度来考虑用户的喜好，因为写给不同用户的文案结构、侧重点和语言措辞不同。

4.4.3 怎样写出好的内容

不管针对哪种读者群体，好的内容是快速传播的基础。

好的内容会让传播事半功倍，小米的自媒体营销被认为是做得最棒的：微博、微信、QQ 空间、短视频等齐上阵，高质量的内容不断产出，黎万强(小米公司创始人之一)分享的经验是“每天折腾(内容)、天天上头条”。

下面列举一些写出好内容的方法。

1. 好玩的段子

段子年年有，花样常翻新。一个段子的效果，往往抵得过千言万语。而围绕品牌、企业等创作的品牌段子，也因为软性植入、趣味性、去广告化等因素，使得传播细无声，没有了广告的生硬。

例如，微信已触及生活的方方面面，就有了下面的段子。

> 参加一个朋友闪婚婚礼，婚礼上司仪说：“请新郎说一下结婚感言吧！”新郎停顿了一会儿，深情地看着新娘说：“感谢马化腾，感谢微信，感谢附近的人……”

好玩的段子就是这样，能打动人，能传播品牌，这里的诀窍就是它们来自真实的生活并且有强烈的戏剧性效果。

2. 借势凑热闹

借势凑热闹(也称为蹭热度)，就是看到有传播价值的热点话题后立刻使用，这是一种借势营销方式。随着社交媒体的发展，许多人都会用这样的方式创作文案的内容。蹭热度有两个诀窍：一是要快，赶不上趟儿，热度就没了；二是要巧，2013 年的“别闹”系列海报(见图 4-33)的环环相扣就非常巧妙。

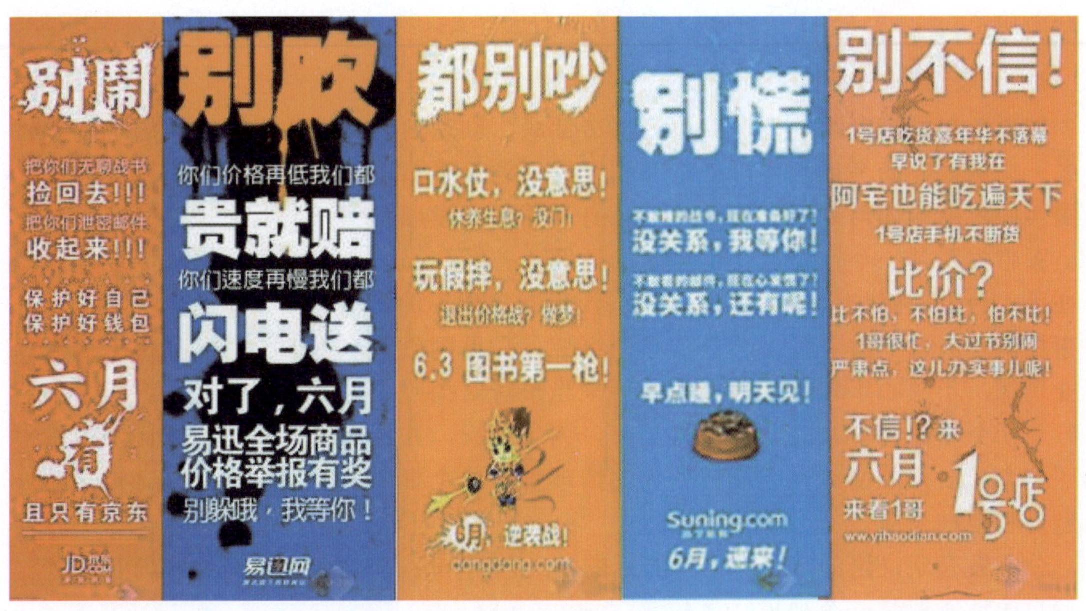

图 4-33

2014 年 10 月，原淘宝旅行举行新闻发布会，推出一个新的独立品牌“去啊”，品牌含义浓缩在发布会现场播放的一张幻灯片中：“去哪里不重要，重要的是……去啊”，如图 4-34 所示。

图 4-34

“去哪儿”网的公关团队马上做出了反应：“人生的行动不只是鲁莽的‘去啊’，沉着冷静地选择‘去哪儿’，才是一种成熟的态度！”随后，携程、京东旅行、途家、爱旅行、在路上、看准、游心、周末去哪玩、百程、驴妈妈等都利用了这个机会，一场拼公关加营销创意的战役打响，其中最牛的要数驴妈妈：“去哪儿，听妈的！”

在这场战役中，受益最大的是众多在线旅游市场的小品牌，它们总算借机走到公众面前了。

3. 制造话题

如果没有热度可蹭，也可以自己创造话题。创造话题是产生优质内容的主要方式之一。例如，高考期间可以创造和利用的话题就很多，不管是温情的、冷漠的还是搞笑的，就看如何利用它们向对自己有利的方向发展。

医患关系是一个很容易产生热度的话题，曾经有一条“在西安某医院，患者还躺在手术台上，医护人员们却摆起 pose，玩起自拍”的微博，引发了公众的不满。但事情的发展却一波三折，公众被舆论绑架，先是同仇敌忾，认为医生和护士缺乏职业道德，不关心手术台上的病人；后来当事者对拍照原因做出了解释，讲到手术进行了 7 个小时，非常成功，即将结束，为了庆祝，并且手术室又面临搬迁，所以拍照留念。公众的情绪也因此转变为同情理解。这个事情的发酵过程就具有极强的话题性和眼球效应。

公众最喜欢议论的是“煽情”的话题。2014 年，谷歌的一个“请给我爸爸放一天假”的话题就是一个神来之笔！

事情的经过是：小女孩凯蒂用蜡笔给谷歌写信，为爸爸请假（见图 4-35 的左图），然后凯蒂爸爸的上司回信，表示同意（见图 4-35 的右图）。

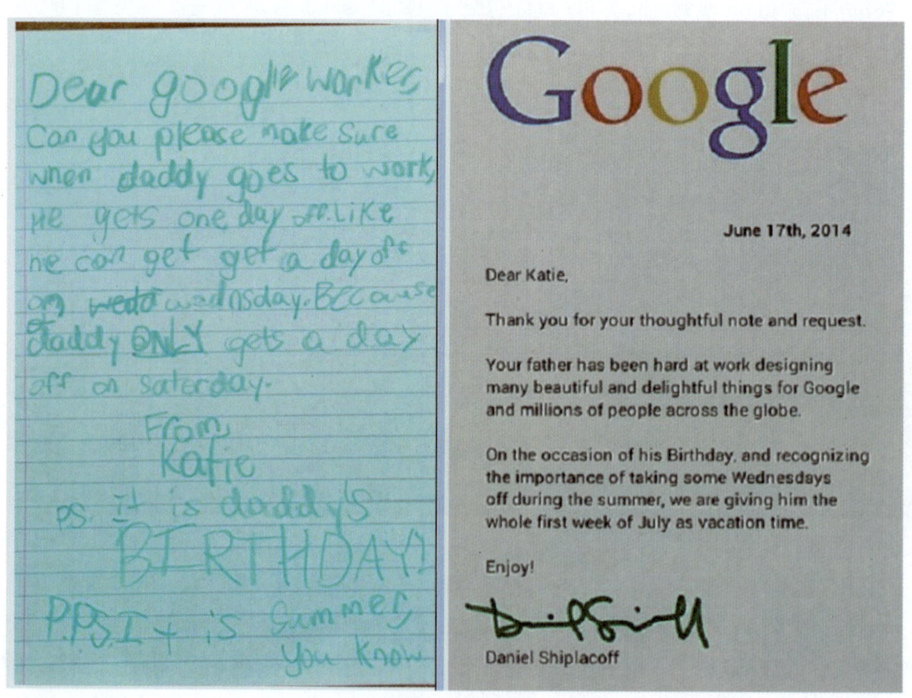

Dear google workers,
Can you please make sure when daddy goes to work he gets one day off. Like he can get get a day off on wedn wednsday. Because daddy ONLY gets a day off on saterday.
From,
Katie
PS. It is daddy's BIRTHDAY!
P.P.S It is summer, you know

Google

June 17th, 2014

Dear Katie,

Thank you for your thoughtful note and request.

Your father has been hard at work designing many beautiful and delightful things for Google and millions of people across the globe.

On the occasion of his Birthday, and recognizing the importance of taking some Wednesdays off during the summer, we are giving him the whole first week of July as vacation time.

Enjoy!

Daniel Shiplacoff

图 4-35

小女孩凯蒂信中的内容是：“亲爱的谷歌工人，你可以在我爸爸上班的时候，给他放一天假吗？比如让他在周三休息一天。因为我爸爸每周只能在周六休息一天。凯蒂。附笔：那天是爸爸的生日。再附笔：这是夏天(暑假)。”

凯蒂爸爸的上司回信的内容是：“亲爱的凯蒂，感谢你的来信和你提出的要求。你父亲在工作上一直很努力，他为谷歌和全世界千千万万人设计出了很多漂亮的、令人欣喜的东西。鉴于他的生日已快到来，以及我们也意识到了在夏天挑个周三休息一下的重要性，我们决定让他在 7 月的第一周休假一个星期。祝好！丹尼尔 • 席普蓝克夫。”

这个童话般的故事让很多人感动，充满温情的内容触动了人们内心最柔弱的部分，大家纷纷主动转发，Facebook、Twitter 等社交网络上也大量转载，谷歌搜索到的相关记录超过 7500 万条，大家都觉得这不是广告，而是一个充满正能量的故事。

抓住人们心中的敏感地带制造话题，并加以引导，通过新媒体途径传播，往往会产生意想不到的效果。

4. 用情感沟通

基于情感色彩的沟通内容最容易触动人的内心世界，这也是很多广告人强调要潜入用户内心去沟通的原因。

下面举两个例子说明。

一个是可口可乐掀起的“歌词瓶”狂潮，如图 4-36 所示，从周杰伦到五月天，从世界杯主题曲到毕业季应景歌，考虑到了不同年龄段、不同性别以及特定人群的喜好。

图 4-36

在这里，用音乐歌词作为“含蓄表达情感”的载体，将包装本身变成了一种“自媒体”，与用户进行情感沟通，很容易地引发了用户的共鸣。

另一个是红极一时的江小白白酒，被大家熟知的并不是它的味道，而是它的文案。清新的包装，搭配有趣的文案，加上青春的情怀等元素，如图 4-37 所示，使得它的品牌形象深深打动了年轻人，他们认为江小白代表了自己的态度和个性，再加上抖音上比较火的短视频，江小白配雪碧的“情人的眼泪”，使得江小白风靡全国，深受年轻人喜爱。

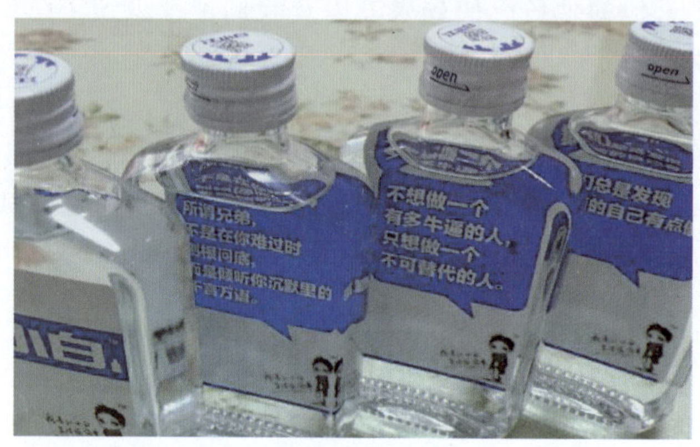

图 4-37

5. 附和“恶搞”

还有一类文案的内容是恶搞，而且搞得有模有样。

例如，海尔公司为海尔兄弟征集新形象，发起“大画海尔兄弟”活动，呼吁网友在指定网站上传作品。在很短的时间内，大量“恶搞”海尔兄弟的作品涌入了网站，如土豪版、好基友版、肌肉美男版等，如图 4-38 所示。虽然活动走向超出海尔的预料，但对品牌年轻化起了正面的引导作用。

图 4-38

这类“恶搞”一般具备有趣、有个性和极强互动性的特点，在可控的范围之内，对品牌的宣传起到积极的作用。

推广手段要与时俱进，要能潜入目标顾客的内心，达到沟通最大化的效果。

6. 讲不一样的故事

创作文案一定要善于讲故事。

例如，同仁堂品牌(见图 4-39)就是通过不断地讲如何治好了康熙的病和康熙题字等故事，给大众树立起一个很牛的品牌形象。

图 4-39

再如，一张尼斯湖水怪照片，在短短几年内创造了 10 亿英镑的旅游收入，虽然后来被证明是假的，但并没有降低人们前去一探究竟的兴致。

还有一个比较火的支付宝的广告植入文案，讲的是梵高为什么自杀。文案分析梵高自杀的原因主要是因为穷，穷到连买张床的钱都没有，也请不起模特，画来画去只能画自己，还要靠弟弟提奥接济度日，文案在最后提出，“如果真有支付宝……”，如图 4-40 所示，虽然这是不可能的，但故事讲得很流畅，对于产品的宣传也很到位。

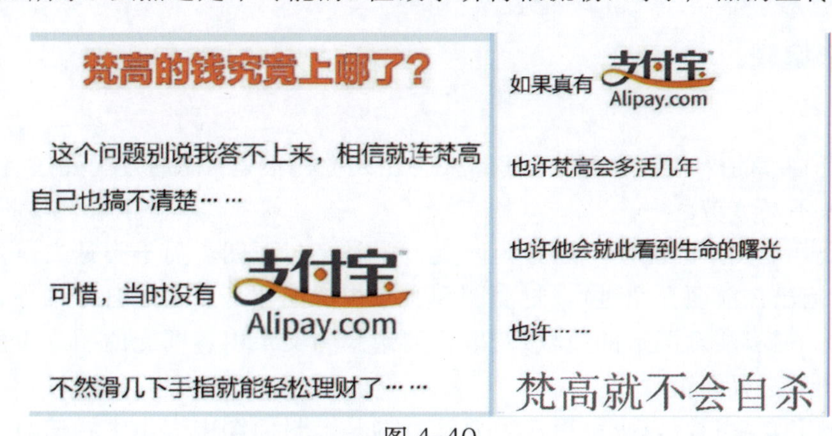

图 4-40

上面介绍了许多创作文案的方法和技巧，万变不离其宗，不管写哪种类型的文案，一切都要围绕产品展开，用合适的方式，创作优秀的内容，最终达到宣传的目的。

4.4.4 实训作业

根据本节所学习的内容，挑选合适的产品，为它创作一篇宣传文案。

4.5 新媒体平台上的文章排版

为了使叙述更有针对性，本节把文案称为文章。

本节所说的对新媒体平台上的文章排版，是按照稿本，把文字、图形等素材排在一起，形成一篇完整、流畅、美观地呈现在新媒体平台上的文章。一个合格的新媒体账号运营者，不仅要能写一手好文章，还要会对文章排版。优秀的排版，可以让文章结构清晰、美观，便于理解，让阅读成为享受，最终达到提升用户体验的目的。

本节以微信公众号上的文章为例，介绍怎样排版。

4.5.1 文字编辑

新媒体平台上的文章编辑工作首先要从文字编辑开始，可以使用 Word、记事本等一般的文字处理软件，将文字内容编辑好，方便后续排版。

4.5.2 图形编辑

如果一篇文章的内容全是文字，读起来会让人觉得很累；而通过配图进行调节，读起来则让人不易疲劳。

微信公众号上文章的配图可以分为两类，一类是封面图，另一类是文章内的配图（图形的规范已在前面介绍过）。封面图和文章内的配图可以通过自行拍摄、绘制或从素材网站下载（注意图形的版权）获取，要选择与文章内容匹配的图。下面主要介绍怎样对图形进行编辑。

封面图一定要精彩，以吸引用户，要注意的是，封面图中表示主题信息的图形不要被标题挡住。文章内配图的高度、宽度、色彩的基调要保持一致。

对封面图和文章内的配图可以使用图形处理软件编辑，常用的图形处理软件有美图秀秀和 Photoshop 等。

1. 美图秀秀

美图秀秀是大众常用的一种编辑图形的软件，它简单、易上手，操作方便灵活。美图秀秀提供的常用编辑工具有裁剪、旋转、图形拼接、图形美化、添加文字、改变图形尺寸等，可利用这些工具对图形进行美化处理，达到想要的效果。使用方法如下。

① 在计算机上登录“美图秀秀”网页版，在页面上单击“打开一张图片”按钮，如图 4-41 所示，打开需要处理的图形对应的文件并进入相应的页面。

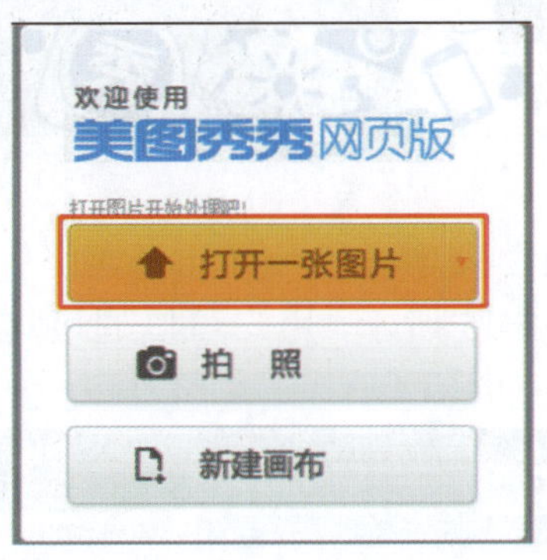

图 4-41

② 在页面上方选择合适的标签，进入相应的选项卡，在左侧工具栏中选择需要调整编辑的项目对图形进行处理，如图 4-42 所示。

图 4-42

2. Photoshop

如果要对图形进行较复杂的编辑处理，则最好使用 Photoshop 软件。Photoshop 软件是一款功能强大的图形处理软件，可以用来对图形进行精细的加工，适合有一定操作基础的用户使用。使用方法如下。

① 启动 Photoshop 软件，打开 Photoshop 窗口，执行“文件”→“打开”菜单命令，如图 4-43 所示，打开要处理的图形文件。

② 选择左侧工具栏中的工具对图形进行处理，如图 4-44 所示。

图 4-43

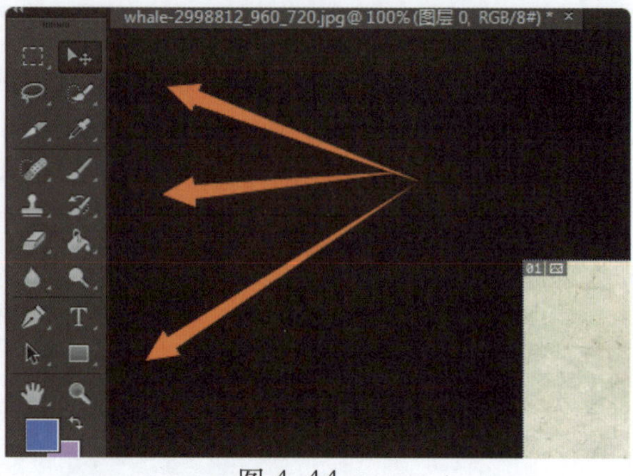

图 4-44

③ 执行“图像”→“调整”菜单命令，打开“调整”子菜单，其中包含很多用来编辑图形的功能命令，如图 4-45 所示，用户可以通过这些命令对图形进行编辑和精修。

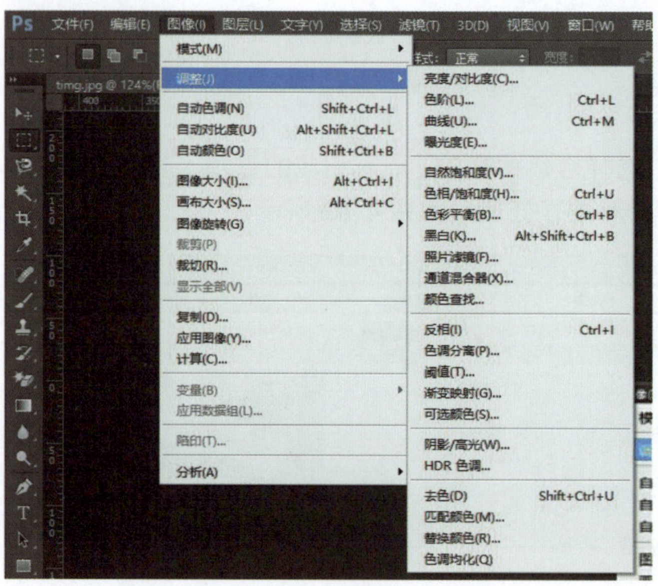

图 4-45

4.5.3 排版

完成了前面的工作后，就可以借助第三方编辑器对文章进行排版了。4.1.3 节中介绍过怎样用微信公众平台对文章排版。本节介绍怎样用第三方编辑器对文章排版。

第三方编辑器提供许多排版样式，它们的功能全面、操作方便，深受大众喜爱。常用的提供第三方编辑器的网站有秀米、易企微、易点编辑器、爱微帮、微推宝、

135 编辑器、96 微信编辑、i 排版、烽火台、live、西瓜助手、微口网、麦客、公众宝、新媒体管家等。

为了得到更好的排版效果，建议使用谷歌浏览器登录第三方编辑器网站进行排版。谷歌浏览器对移动终端技术的支持相当完善，用这个浏览器调用第三方编辑器排版的效果较好，实际浏览公众号文章时，不会出现错位现象。

下面以“秀米”网站为例进行介绍。

① 在浏览器中搜索并登录“秀米”网站，单击“图文排版”页面中的“新建一个图文”图标，如图 4-46 所示，进入新的编辑排版页面。

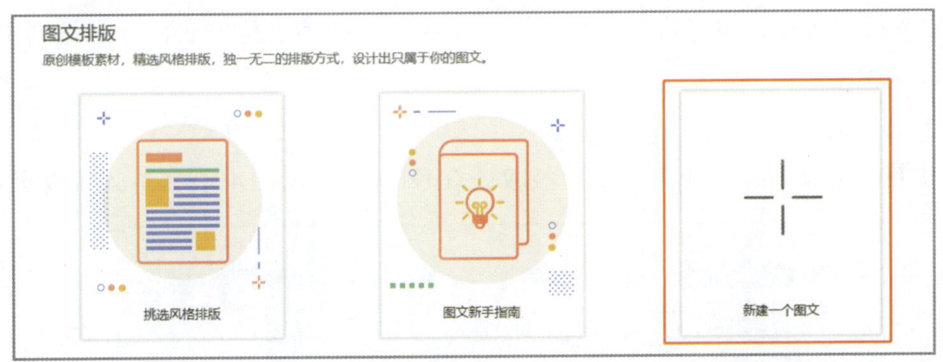

图 4-46

② 编辑排版页面的左面为素材区，包括图文模板、图文收藏、剪贴板、我的图库和主题色等设置工具按钮；页面的右面为编辑区，包括三个部分：封面区域、正文编辑区域和用来完成其他编辑功能的其他辅助工具，如图 4-47 所示。

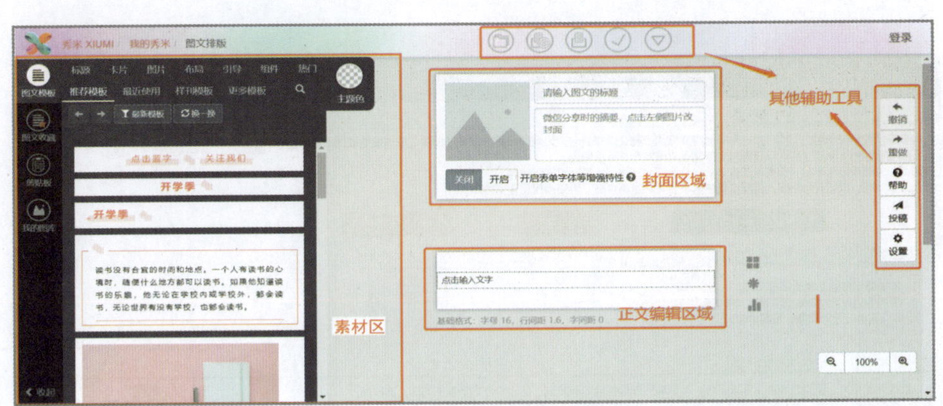

图 4-47

封面区域的操作：单击封面区域左侧的图形框将打开一个对话框，可以用该对话框选择封面图对应的图形文件，微信公众号文章封面图的分辨率最好为 900px×500px；另外，为方便把文章上传到公众号中，需要在封面区域中输入文章的标题和摘要。

正文编辑区域的操作：将左面素材区中的内容添加到正文编辑区域，也可以在正文编辑区域中直接输入内容。

其他辅助工具的使用：只要将鼠标指针移到某个工具图标上停留 1～2 秒，就会弹出关于该工具功能的文字提示，可根据需要选择使用不同的工具。

4.5.4 把文案上传到公众号中

对文章排完版后，即可将其上传到公众号中，有两种上传方法，分别是同步上传和复制上传。

1. 同步上传

① 在编辑排版界面右上角单击“授权公众号”选项(见图 4-48)，进入授权页面。

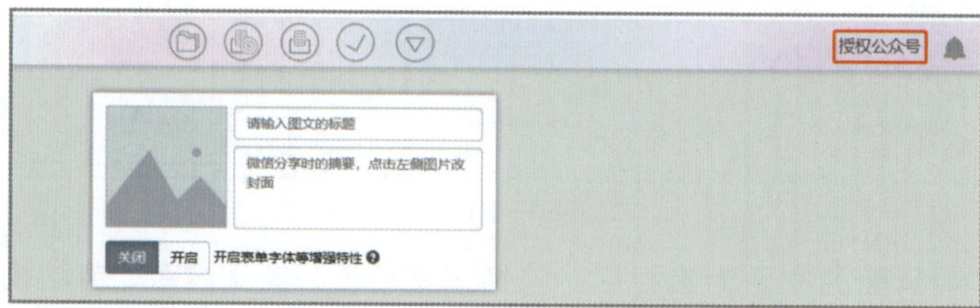

图 4-48

② 在如图 4-49 所示的授权页面中，单击 公众号授权(需管理员扫码) 按钮，将公众号授权给“秀米”网站。

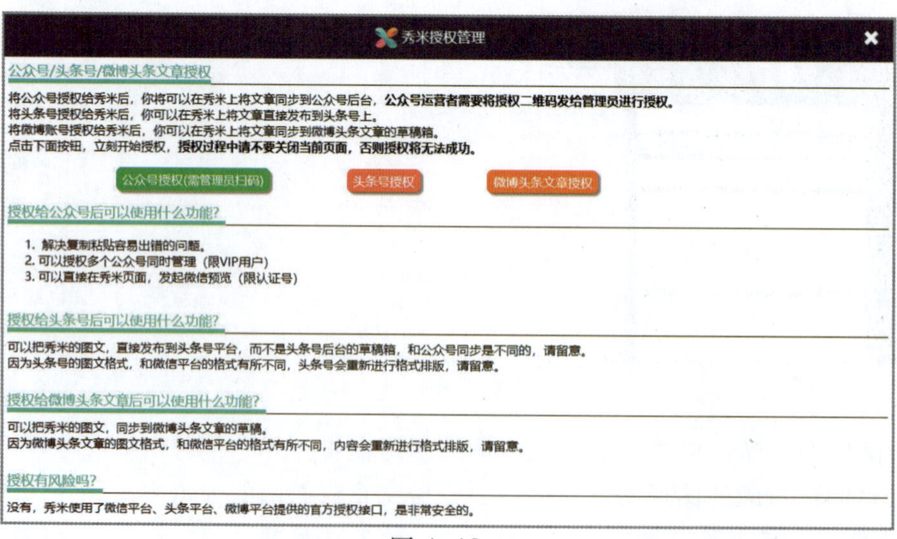

图 4-49

③ 授权成功后，在编辑排版页面右上角可以看到对应的公众号的头像(本例中为)，单击 按钮，将打开一个下拉列表，选择列表中的“同步到公众号”选项，如图 4-50 所示，即可在公众号中同步显示当前排版的结果(即在公众号中显示当前排版的文章)。

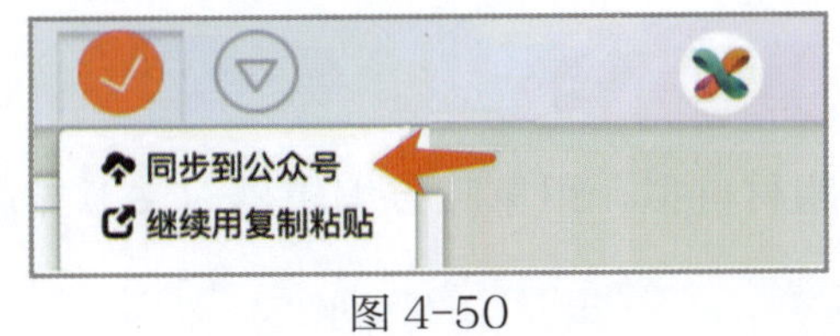

图 4-50

2. 复制上传

如果不对提供第三方编辑器的网站授权公众号，则可以采用复制上传的方法，把当前的编辑结果通过复制粘贴的方法上传到公众号中，这种情况下需要打开微信公众号编辑器进行操作，具体步骤不再介绍。

4.5.5 排版原则

要想使发布在公众号上的文章美观，给读者带来好的阅读体验，在排版中要注意以下原则。

1. 三色原则

文字颜色的选择要遵循三色原则：一篇文章中文字的颜色不要超过三种。不加限制、乱用文字颜色的文章，看上去乱七八糟，除非你想做搞怪系列。整齐划一是排版最基本的原则，一定要牢记。

2. 适当使用对比

排版中适当使用对比，可以得到较好的效果。可以使用更改文字颜色、大小、设置下画线、设置背景色等方式，对重点内容、重点文字和标题进行强调。可以采用第三方编辑器提供的模板实现对比，也可以创建属于自己风格的对比样式。

3. 重复

设计完成后的排版样式可以当作模板重复使用，这是统一公众号文章风格的做法。公众号中的文章的排版风格可以每一期都不同，不过从时间、精力及定位上来说，重复的排版风格会对品牌传播更有利，好的、重复使用的排版设计结果可以提高用户对你的辨识度，时间久了，用户看到你的排版风格的文章，即使没有你的名称和 Logo，也能知道是你的文章。

4. 统一

统一就是字体、字号、颜色要统一，对齐方式要统一，图形和文字之间的间距要统一，文章选图风格要统一，开头和结尾的样式要统一。

4.5.6 实训作业

写一篇公众号文章，题材自拟，用第三方编辑器对文章排版。

4.6 新媒体平台上的内容策划与传播推广

新媒体平台上的内容策划和传播推广(以下简称为内容策划和传播推广)是近年来营销的热门领域，尽管目前没有确切的数据表明内容策划和传播推广这项工作的市场有多大，但各企业对内容策划和传播推广的需求相当大则是不争的事实。

本节将以使用微博、微信公众号平台对内容策划和传播推广进行分析。

4.6.1 内容策划

内容策划的过程就是通过新媒体渠道，用文字、图形、视频等形式，将企业或个人信息友好地呈现在用户面前，并激发用户参与、分享、传播的过程。在新媒体平台上进行营销，很重要的就是有具备吸引力、不断更新的内容，这样才能持续下去。

例如，大众熟悉的papi酱之所以能成为网络红人，最根本的原因就在于她策划发布的内容新颖，对粉丝来说，具有很强的吸引力，借助粉丝的转发可以让更多的人来关注她，这样就更加容易“吸粉”。

4.6.2 内容策划要素

内容好的文章能让更多的用户点击打开，完整地浏览并转发。做好内容策划要注意内容定位和内容设计两大要素。

1. 内容定位

在策划内容时，要善于利用自己的特长，明确要发布什么内容，要有意识地把相关的内容归为一类，用固定的栏目运作，形成特定的栏目风格。

例如，张召忠的公众号中发表的内容多与国家形势相关，有“局座时评”“张召忠说”“悄悄话”“趣闻”“图说”等栏目。他的处理非常简单，就是在相应的文章前面加上“局座时评×××(期)”(见图 4-51)“张召忠说×××(期)”“悄悄话×××(期)”。他的文章深受粉丝喜爱，每篇文章几乎都有成千上万的阅读量。

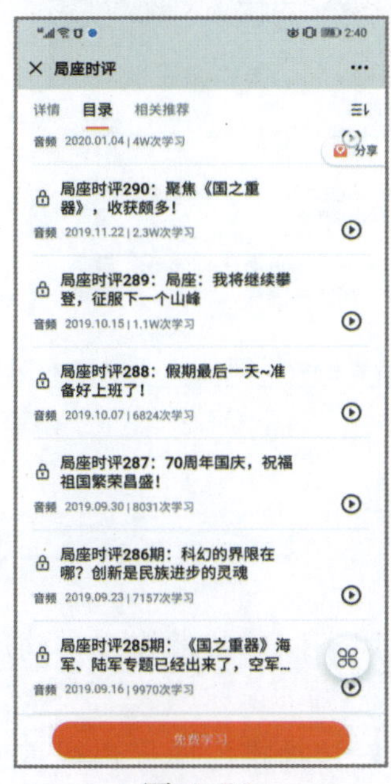

图 4-51

2. 内容设计

内容设计要注意适应目标用户的需求，这就需要从用户的角度出发来看待问题。但是在大范围的用户群中，不是每个用户都能为产品创造价值，用户对产品的接受度、了解度都会影响最终的效果，内容策划者不可能在每位用户身上都投入成本。为了尽可能准确地确定投入成本的范围，需要确定核心目标用户，分析核心目标用户的消费方式、消费习惯和消费心理，挖掘他们的关注点和痛点，针对核心目标用户设计策略，提高推广的精准性。

比如年糕妈妈的公众号，深受广大年轻妈妈的青睐，这个公众号的核心目标用户是年轻的妈妈们。年糕妈妈的公众号发布的大部分内容都是从自己亲身经历出发，结合国外专业理论和中国家庭的育儿特色做法，将一些育儿经验介绍给大家，针对核心目标用户推出亲子学院、优选商城、辅食大全等平台，如图 4-52 所示，用户可以在年糕妈妈的公众号上学习怎样育儿，购买自己和孩子需要的产品。

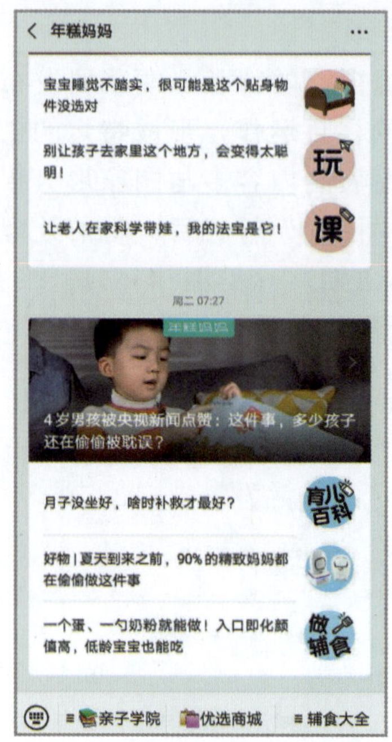

图 4-52

4.6.3 内容传播推广

所谓内容传播推广，就是利用不同的传播媒介，向用户传递有价值的信息，从而实现营销的目的。

策划出好的内容很重要，做好传播推广同样也很重要，好的传播推广做法能够稳定账号与平台之间的关系，让平台给账号更多传播品牌的机会，让品牌得到更大的曝光和更多的展示。

4.6.4 内容传播推广技巧

1. 利用热门话题制造热度

新媒体平台的账号可以发布一些吸引粉丝的话题，只要话题够热、够新颖，就能引起人们的注意，从而制造话题的热度，起到事半功倍的效果。

新媒体平台上每天都有各种各样的新闻热点，平台的账号在传播和推广内容（也称为推送内容）时，可借助人们关注的热点，发表与热点结合的图形、文章、视频、微博等，同时也可以结合热门话题引出自己的观点，如果你的内容有足够的价值和创意，就会被大量转发，也会给自己引来大量粉丝。

2. 通过合作增粉

在推送内容时，可选择与一些知名的账号或者品牌产品合作，借助他们原有的粉丝群发起活动并为自己增粉，起到推广效果。

3. 开通粉丝服务平台，快速获取粉丝（针对微博推广）

对一个新注册的账号来说，除了做好内容定位和内容设计外，最重要的一步是快速获取第一批粉丝。因为有了粉丝，发布的内容才会被人关注，才会产生互动传播，才会为账号带来更多的粉丝。下面介绍快速获取粉丝的两种做法。

① 亲朋好友互粉：开通一个新账号后，通过与身边的亲戚、朋友、同学互粉，相互加关注，增加互动，是运营前期一种不错的增粉方式。

② 好友推荐：除了与身边的亲朋好友互粉外，还可以通过好友推荐的形式来增粉。好友推荐的好处有两点：一是用对推荐人的信任做背书，二是通过推荐语可以看出被推荐人的特点，推荐语是使其他人关注被推荐人的理由。

4. 多组织活动及抽奖，吸引更多粉丝加入，提升传播力

账号的运营一定要为用户带来一定的价值或利益，这样才能吸引更多的用户，为此可以多组织一些活动，活动的创意很关键，可以按一周一次的频率组织活动，加强用户的记忆。可以用下述形式组织活动。

① 定期组织关注赢好礼、扫码送礼品、微信预定享折扣等活动，在活动中发放优惠券、大礼包（消费券＋帆布袋＋记事本＋广告衫等）或发放微信红包。

② 组织答题：提出的问题最好和账号推送的内容相关，让用户在你的账号上找相关答案，加深对账号的印象，加强对账号推送品牌的认知度。

③ 宣传转发有奖：可在微博、微信发起转发，告诉用户，只要转发就有机会获得礼品等，如图 4-53 所示。

图 4-53

5. 打造账号矩阵

要利用新媒体搞好营销，首先要选择一个新媒体平台，在其上注册(即建立)一个账号，为了建立链式传播系统，需要建立一个账号矩阵(建立多个账号的意思)。一些成熟的微博运营企业都建立了完善的微博账号矩阵。

例如，锤子科技公司在微博上就建立了“罗永浩”“锤子科技”“锤子科技营销账号”“坚果手机”为主要阵地的微博账号矩阵，如图 4-54 所示。

图 4-54

注：图 4-54 中的“锤子科技营销帐号”中的“帐号”二字应为“账号”。

4.6.5 实训作业

在新浪微博中查看当前的热门话题，根据话题策划一个内容写作方向，并拟定内容的提纲。

4.7 新媒体平台营销经典案例

移动互联网时代，越来越多的企业运用新媒体平台进行营销。利用新媒体平台进行营销没有固定的模式，我们只能通过一些成功的案例来总结一下他们的营销模式。

4.7.1 杜蕾斯微信平台营销经典案例

1. 杜蕾斯微信定位

杜蕾斯将微博的杜杜形象与性格移植到微信中，通过受用户欢迎的杜杜虚拟人物推送内容、活动，与微信粉丝互动。其中，逗趣陪聊是杜蕾斯微信非常鲜明的运营特点，平日内容推送也讲究创意，带给用户趣味感，让微信粉丝深深“着迷”。

2. 内容创意

2012 年 12 月 11 日，杜蕾斯微信推送了这样一条活动消息：“杜杜已经在后台随机抽中了 10 位幸运儿，每人将获得新上市的魔法装一份。今晚 10 点之前，还会送出 10 份魔法装！如果你是杜杜的老朋友，请回复‘我要福利’，杜杜将会继续选出 10 位幸运儿，敬请期待明天的中奖名单！悄悄告诉你一声，在临近圣诞和新年的时候，还会有更多的礼物等你来拿哦。”

3. 活动效果

活动一出，短短两个小时，杜杜就收到几万条“我要福利”的回复，10 盒套装换来几万粉丝，怎么算都非常合适。微信活动营销的魅力在杜杜这里被演绎得淋漓尽致，毕竟免费的福利谁都会忍不住看两眼。

4.7.2 洽洽微信和微博平台营销经典案例

1. 活动背景

在体育界中，世界杯可谓是全球级的、影响力非常大的一个赛事，很多品牌都想在世界杯期间打造一场精彩的营销活动，获得口碑和销量上的提升。洽洽在 2014 年的世界杯营销大战中，成功利用有创意的活动大振雄风，成为当时的营销黑马。

2. 内容创意

洽洽瓜子，本身就具有非常强烈的八卦性质，并且与看球、聊天这样的娱乐休闲活动非常契合。作为瓜子界中的经典老品牌，洽洽把瓜子这一大众喜爱的食品和世界杯联系起来，发起了猜胜负赢大奖的活动。在这个活动中，洽洽设置了虚拟的货币——瓜子币，50 个瓜子币可以下一注猜胜负的赌注，而获得瓜子币的渠道则是购买洽洽世界杯的主题产品获取狂欢卡，再由狂欢卡兑换瓜子币。

另外，洽洽还推出了“靠巴西赢大洽洽”的活动，只要巴西队每赢一场比赛，洽洽就会送出惊喜大奖，为了给这个活动造势，洽洽提供的奖品是“只比姚明矮一点点儿”的 2 米高的“史上最大袋瓜子”，这样获益巨大而又趣味十足的奖品，让消费者难以抗拒。

除了在活动内容上别出心裁外，洽洽在海报上也发挥了极大的创意，推出了“洽洽扒西队”活动，为网友们提供一个讨论、八卦世界杯的话题，并在此期间每天都推出一张漫画海报，犀利吐槽世界杯上的趣闻。

3. 活动效果

借助微信和微博，洽洽先是推出搞笑海报和视频对话进行预热和造势，然后在微信和微博上发起赛事预测，通过“两微”上的巨大流量和病毒式传播，参与活动和关注讨论的网友数量巨大，使洽洽的这次营销活动成了热门的话题。

4.7.3 Sweetycube 胶原蛋白谷物魔方糖小红书平台营销经典案例

Sweetycube 胶原蛋白谷物魔方糖(以下简称为胶原蛋白谷物魔方糖)这款产品不到一年时间里，在天猫的月销量从 0 迅速增长到 2.5 万件，有 5 万多人收藏产品，如图 4-55 所示，而小红书作为它的主要推广平台，推广时间也不到半年。

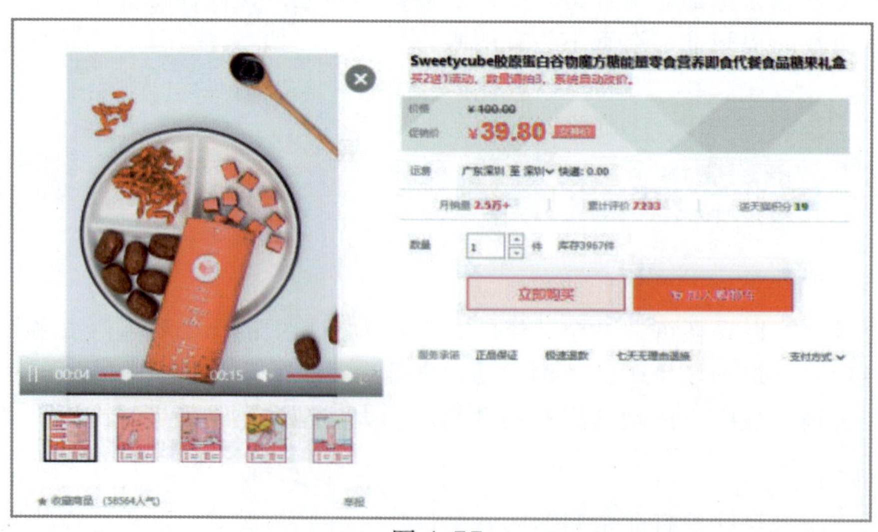

图 4-55

1. 内容创意

点开小红书中胶原蛋白谷物魔方糖的笔记，一个个查看下去可以发现，推送这款产品的许多笔记是“合集＋素人分享”类型的笔记，如图 4-56 所示。

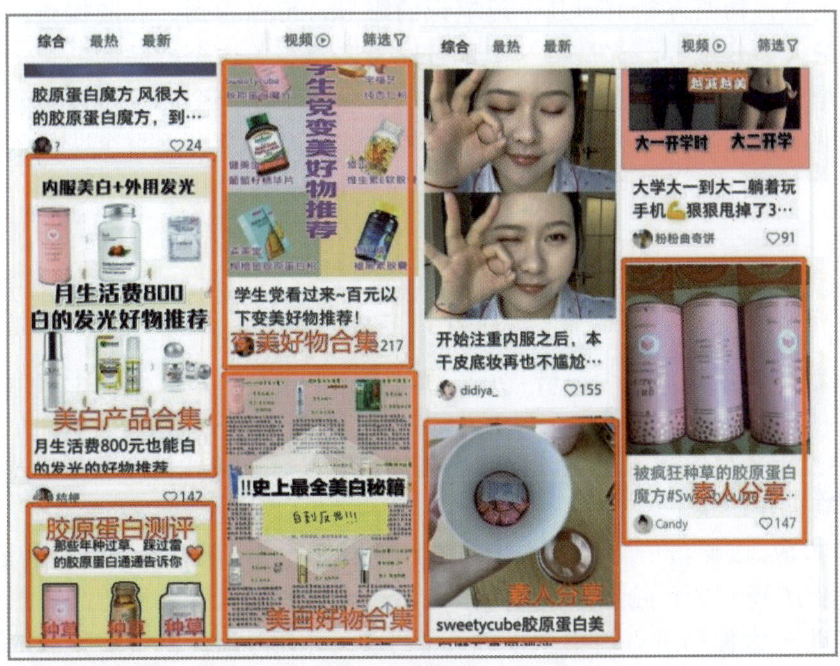

图 4-56

采用“合集”这种做法的高明之处在于，合集是所有笔记类型里流量最大的一种笔记，而且作为主打保健功能的胶原蛋白谷物魔方糖，选择合集也能有效地避免违规风险。

这些合集的特色如下。

① 写作角度：平价、美白、保养、变瘦、学生党。这些都是小红书用户热衷搜索的内容，曝光度极高。

② 选择网红产品做合集：选择科颜氏金盏花爽肤水、阿芙荷荷巴油、乐敦 CC 美白精华、大麦若叶青汁、DHC 瘦腿丸等，它们基本都是同价位的网红产品。选这些网红产品制作合集的好处是，当用户搜索这些网红产品时，就会顺带曝光自己的产品，这种“蹭热度”的方法也是传播推广中常用的手法。

③ 采用“配图＋文字”的形式创作笔记。

除了采用合集外，胶原蛋白谷物魔方糖这款产品还采用了大量的素人笔记。

例如，一个博主发两篇以上的笔记，第一篇笔记告知用户：“我已经买了这款产品，是不是像你说得那么好，等我反馈哦”。之后的笔记就会告诉用户：“大家来看看我使用产品后的真实效果。”这种笔记的好处在于，博主并不说产品有多好，而是给出真实的反馈，用户对这样的笔记的信任感非常高。

2. 组建账号矩阵

点开小红书中推送胶原蛋白谷物魔方糖的第一篇笔记，可以发现这个账号共发表了 36 篇笔记，其中有 15 篇都是关于胶原蛋白谷物魔方糖的笔记。再查看小红书中推送胶原蛋白谷物魔方糖前面几十篇笔记的账号，可以看到，和胶原蛋白谷物魔方糖合作的绝大部分账号，都是用一个账号发表多篇有关这个产品的笔记。这些账号很有可能是胶原蛋白谷物魔方糖这家公司的账号矩阵。一个品牌可以组建自己的账号矩阵，就像胶原蛋白谷物魔方糖公司一样，注册几十个、上百个账号，都用来发自家公司的内容，这样可以节省投放成本。

3. 总结

分析胶原蛋白谷物魔方糖利用新媒体平台进行营销的案例，可以得到以下值得学习的做法。

① 如果计划长期投放某个品牌，可以组建账号矩阵，经常发布关于这个品牌内容的笔记。

② 如果没有条件组建账号矩阵，可以准备好笔记后直接找博主投放，一个博主可以投多篇笔记。

③ 坚持投放。胶原蛋白谷物魔方糖在连续的 5 个月内，几乎每天都有笔记投放，这种连续的投放，一方面能起到积累的作用，另一方面可以持续维护品牌热度。

④ 在双十一大促销节点前集中投放，起到造势作用，大促销节后投放的笔记变少，主要起一个正常的维护作用。

4.7.4 实训作业

在微信、微博、小红书这三个平台中任选一个平台，寻找一个成功的营销案例，并对该案例进行分析。